Otto W. Bringer

Müssen wir Europäer sein?
Oder dürfen wir sein, die wir sind?

AF215802

Otto W. Bringer

Müssen wir Europäer sein? Oder dürfen wir sein, die wir sind?

Plädoyer für Selbstbestimmung

Copyright: © 2018 Otto W. Bringer
Satz: Erik Kinting – www.buchlektorat.net
Umschlag u. Fotobearbeitung: Otto W. Bringer

Verlag und Druck:
tredition GmbH
Halenreie 40-44
22359 Hamburg

ISBN 978-3-7469-3482-2 (Paperback)
ISBN 978-3-7469-3483-9 (Hardcover)
ISBN 978-3-7469-3484-6 (e-Book)

Bibliografische Information der Deutschen Nationalbibliothek:
Die Deutsche Nationalbibliothek verzeichnet diese
Publikation in der Deutschen Nationalbibliografie;
detaillierte bibliografische Daten sind im Internet
über http://dnb.d-nb.de abrufbar.

Inhalt

Jeanne d' Arc, die Jungfrau von Orleans auf der Miniatur
eines unbekannten Malers um 1390. Symbolfigur für Freiheit. Frei von Bevormundung durch Dritte. In einem Land
leben, in dem ich mich wohl fühle und sein kann, der ich bin.

Grundgedanken

Selbstbestimmung ein großes Wort. Verspricht Unabhängigkeit. Der Mensch ist jedoch nie völlig unabhängig. Als «Zoon Politikon» einer, der auf die Gemeinschaft anderer angewiesen ist. Erkannte Aristoteles, der große antike Denker und Philosoph. Selbst der Eremit ist auf der Suche nach dem anderen, der oder das seinem Leben einen Sinn gibt. Genau betrachtet gibt es Unterschiede. Angewiesen muss nicht bedingungslos ausgeliefert sein. Tun, was ein anderer sagt. Es sei denn, man folgt ihm gerne. Dem Dirigenten, der die Triangel so ernst nimmt wie die erste Geige. Und beide glücklich, Teil eines harmonischen Ganzen zu sein. Dem Meister in der Werkstatt, von dem man lernt ein Meister zu werden. Dem Arbeitgeber, der persönliches Engagement wertet und angemessen belohnt. Dem Trainer auf dem Fußballplatz, der sagt wie man Tore schießt. Einem Menschen unbesehen folgt, den man liebt. Und merkt erst, wenn 's kritisch wird, man ist abhängig von einem, der Macht hat über mich.

Macht hat viele Aspekte. Nicht zuletzt sind es seine Gefühle, die Macht über den Menschen haben. Ausgelöst von Gedanken oder Ereignissen. Den

Nächsten zu lieben wie sich selbst oder ihn zum Sklaven zu machen. Liebe, Hass, Ehrgeiz, Wut, Neugier, Trauer, Enttäuschung, Sehnsucht oder Gier waren immer schon die tieferen Ursachen für das Verhalten der Menschen. Macht auszuüben im Guten wie im Bösen, die einen. Sich zu unterwerfen oder dagegen zu wehren, die anderen.

Seit es Menschen auf der Erde gibt, verzeichnet ihre Geschichte Kämpfe zwischen Mächtigen und denen, die keine Macht haben. Sich damit abfinden müssen, nicht selten erhebliche Nachteile in Kauf nehmen und resignieren. In früheren Zeiten hatten wenige das Sagen, die meisten mussten parieren. Wehe, wenn nicht. Auch heute bestimmt Größe das Leben der Menschen. Groß sein bedeutete immer schon Macht haben. Macht und Einfluss in Wirtschaft, Politik, auch in Religionsgemeinschaften. In Firmen und Familien ist es der Patriarch, der sagt wie es zu laufen hat. Macht beansprucht über Menschen, ihr Denken, ihr tägliches Tun. Bis vor nicht allzu langer Zeit ertrugen es die meisten. Weil Strafen drohten. Liebesentzug, Ausschluss vom Erbe, Galgen oder Hölle, je nachdem.
Immer aber schon gab es auch Menschen, die trotz drohender Strafe mutig ihre Meinung sagten. Heute ist in den Verfassungen demokratischer Länder

festgeschrieben: Jeder ist unabhängig und frei, seine Meinung zu äußern. Selbstbestimmt ein Leben zu führen. Ein solcher kann sich also wehren gegen seiner Meinung nach ungerechtfertigten Machtanspruch, unsinnige Gesetze und willkürlich gezogene Grenzen. De facto aber ist die vielgepriesene Freiheit nur noch eine leere Phrase. Aus zwei Gründen:

Erstens: Menschen sind abhängig neben Einflüssen der Familie vom sozialen Umfeld. Das sie zwingt Zugeständnisse zu machen. Oft gegen den eigenen Willen. Um beruflich weiterzukommen. Dem Mainstream folgt, um dabei zu sein. Heute global bestimmender Faktor in allen modernen Gesellschaften. Der technische Fortschritt rasant, Spätfolgen nicht zu erkennen. Man fühlt sich gezwungen mitzuhalten, um nicht altmodisch zu gelten. Folglich ist jeder, der mitmacht, abhängig. Die viel gepriesene und gewünschte Freiheit eingebildet und nicht real. Der Mensch ist machtlos. Macht hat anderes über ihn.

Zweitens: Politiker gebärden sich demokratisch. Mit großspurigen Ankündigungen und parteipolitischen Maximen. Von Freiheit hin und wieder geredet, damit man glaubt, sie meinen 's ernst damit.

Tatsache ist: im politischen Alltag gerät auch der beste Vorschlag in die Mühle des Parlaments. Von Meinungsverschiedenheiten geprägte Einrichtung, aus allem das Beste fürs Volk herauszufiltern. «Schwatzbude», lästerten die Nazis, bevor sie den Deutschen ihre Diktatur aufzwangen. Die BRD praktizierte nach 1945 das Gegenteil. Als wenn das so einfach wäre. Politik ist, wie jeder weiß, von Interessen geprägt, die viel zu oft nicht die derjenigen sind, die sie vertritt. Die gute Seite der Demokratie hat also auch eine schlechte, wie der Mensch. Kein Wunder, dass Freiheit ein schönes Wort, aber in der Realität nur ein kümmerliches Dasein fristet. Kein Wunder, dass Politikverdrossenheit sich breit macht. Neue Gruppierungen, die Interessen der Bürger ansprechen, verstärkt Zulauf finden. Wir sind also abhängig. So oder so.

Es könnte anders sein, würden Politiker schlicht und einfach sagen, um was es geht. Nicht mit Flosken um sich werfen, die man seit langem kennt. Keine Versprechungen machen, um Beifall zu finden. Sie sollten den Sitz im Parlament vergessen und sich für die wirklichen Sorgen und Interessen der Menschen interessieren. Hin und wieder prescht einer vor und stellt sich auf die Seite der Bürger. Sagt wie es ist. Zum Beispiel CDU-

Abgeordneter Wolfgang Bosbach. Einer, der kein Blatt vor den Mund nimmt. Nicht lange und die Partei pfeift ihn zurück. Oder ignoriert den Querulanten. Man könnte geneigt sein, alle Politiker in einen Topf zu werfen. 80% halten Politiker für blöd" zitierte Bosbach aus einer Umfrage und grinste. Er einer der seltenen, die nicht blöd sind. Immer bei der Sache. Nie persönlich, auch wenn es ihn juckt, den SPD-Kollegen bloßzustellen.

Regierungen fänden Akzeptanz bei den Bürgern, wenn der Abgeordnete, den sie wählten, nicht einer von oben ist, sondern einer der ihren. In ihrer Sprache spräche, mit ihnen diskutierte wie am Stammtisch. Nicht nur auf Komplimente erpicht. Wenn 's brenzlig wird erst recht. Politiker, die es praktizieren, finden leider viel zu selten eine Mehrheit, gewonnene Erkenntnisse in Partei oder Parlament durchzusetzen. Solange sich dies nicht ändert bleiben Frust und Widerstand. Wahlenthaltung oder Protest auf den Straßen. In letzter Konsequenz Anwendung von Gewalt. In Deutschland geht es den meisten gut. Sonst wären längst mehr auf der Straße. Oder sind sie Untertanen, wie Heinrich Mann sie charakterisierte? Ist es also ihre Mentalität, die lange zögert, bis sie protestieren? Wenn überhaupt. Zuletzt 1953 und 1989. Doch davon später.

Alle Theorie klingt schön und gut. Thesen sind es in der Regel, von Politikern in Talk-Shows mit ernsten Gesichtern beschworen. Keine gelebte Wirklichkeit. Ursula von der Layen, Verteidigungsministerin der BRD: „Ich bin zu tiefst überzeugt, nur ein starkes Deutschland garantiert ein starkes Europa. Deshalb brauchen wir eine starke Regierung." Heißt das, Deutschland sagt, wie es in Europa weitergeht? Und alle sagen okay. Ob mit NATO und Atombomben gegen Russland. Und andere Feinde der Demokratie. Sanktionen bei Staaten, die nicht im westlichen Sinne demokratisch sind. Sanktionen, die nicht die Machthaber und ihre Clique treffen, sondern das Volk benachteiligen. Also nicht zu Ende gedacht. Lieber wieder Krieg. Es klingt so unerhört entschlossen.

Krieg, zunächst der Worte, scheint die Ultima Ratio zu sein in den Köpfen der Mächtigen, um ein Problem zu lösen. Entschlossen, die Bombe platzen zu lassen. Trotz gegenteiliger Beteuerungen. Pauschal behauptet ohne Rücksicht auf den einzelnen Bürger und dessen andere Meinung. Mit seiner Sehnsucht nach Frieden, endlich Frieden zwischen den Völkern der Welt.

Europa von Brüssel reglementiert oder «Europe des Patries»? Ein Europa der Vaterländer, das Präsident De Gaulle vor Augen hatte. Ein Europa, das Eigenheiten der Länder bewahrt und schützt. Angestammte Rechte aller Regionen akzeptiert und sinnvoll integriert. Ob Politik es schafft, ist fraglich. Noch funktioniert es im Alltag nicht. Noch werden Individuen und ihre Meinungen ignoriert. Die Gemeinschaft, in der sie leben, glatt gebügelt von staatlichen Maßnahmen. Die sogenannte Einheit eines Staatsgebildes zu erhalten oder eines fiktiven vereinigten Europas zu schaffen. Als anonyme Einheit verstanden, nicht als Gemeinschaft vieler verschiedener Interessen. Nur um militärisch stärker zu sein?

Gegen wen? Die wirtschaftlich erstarkte Dritte Welt abzuwehren? Flüchtlinge an den Grenzen zurückschicken, weil sie Fremdkörper sind, an einen anderen Gott glauben? Ein Kopftuch tragen? Das sie Einheimischen nicht zumuten wollen? Zuviel sei zu viel. Obwohl Platz genug ist und Geld. Überschuss im Staatshaushalt.

Es soll hier nicht der Kleinstaaterei das Wort geredet werden. Im Deutschland des frühen 19. Jahrhunderts und viel früher schon in Italien war Größenwahn einzelner Dynastien oder Stadtstaaten der Grund für die Zersplitterung. Macht und wirtschaftliche Vorteile zu behalten, zu gewinnen, gegen Übernahmen zu verteidigen. Erst mit Bismarck in Deutschland und König Viktor Emanuel II. in Italien entstand die nationale Einheit. Was sie einte, war die gleiche Sprache der Menschen im ganzen Land. Nicht nationales Bewusstsein, Glaube oder Besitzverhältnisse. Die Macht nur theoretisch beim deutschen Parlament. De facto bei Bismarck, dem Kaiser und seinen Generälen. Zwei Kriege die Folge.

Die Menschheitsgeschichte zeigt: Größe ist keine neue Kategorie, kein neuer Maßstab für beliebige Grenzziehung, Einverleibungen, Ausgliederungen und Zwangsverbünde. Wer Feind zu sein hat oder nicht. Immer schon der Anspruch der Mächtigen. Größe ist ein Feind der Freiheit. Bedauerlich, dass niemand aus der Historie lernt. Oder wollen Sie etwa nicht, Herr Juncker? Frau von der Layen? Monsieur Emmanuel Macron? Großbritannien hat entschieden, sich nicht mehr von Brüssel bevormunden zu lassen. Wie immer bei schwerwiegenden Entscheidungen echt demokratisch verfahren. Lange gestritten, sachlich argumentiert.
Das Volk befragt. Dann im Parlament beschlossen, unabhängig zu sein und zu bleiben. So langwierig der Prozess auch ist.

Bevor wir uns mit Volksgruppen und Landesteilen aus Ländern Europas beschäftigen, Grundsätzliches: Jeder selbstbewusste junge Mensch weiß, eines Tages verlässt er das Elternhaus. Und niemand kann ihn daran hindern. Die Eltern nicht. Keine Haustür, das leckerste Essen kann ihn nicht festhalten. Er will selbstständig sein. Sich aus dem Familienverband mit seinen Verpflichtungen lösen. Selber bestimmen, wie er lebt, seinen Neigungen nachgeht, einen Beruf ergreift, den er liebt. Den Partner wählen zu können, den er mag, liebt vielleicht. Ohne Rücksicht nehmen zu müssen. Auf Eltern, alte Gewohnheiten, Religion oder Vorgesetzte. In eigenen vier Wänden leben. Um zuhause zu sein, da wo es ihm gut geht. Und sei es 5000 Kilometer vom Elternhaus entfernt. Im Iglu bei den Eskimos.

Warum sollte es bei Katalanen und vielen Volksteilen in Europa anders sein? Verächtlich Splittergruppen genannt, rückständige Zeitgenossen. Europa sei die Zukunft, heißt es. Brauche starke Länder, die in sich geschlossen sind. Leider müssen diese Länder immer mehr Macht an Brüssel delegieren. Besserwisser, Bürokraten und die Kommission, die sich für mächtig halten, unterdrücken die Sehnsucht ihrer Bürger oder hobeln sie glatt. Nur an dem interessiert, was sie noch mächtiger macht. Berufen sich dabei auf EU-Gesetze, die genau genommen keine sein dürften. Gesetze, die das Individuum ignorieren, zerstören Gemeinschaft. Die Gemeinschaft der Freien im Land. Geist weht, wo er will. Nicht da, wo Politiker es gerne sehen.

Grundbedürfnisse bestimmen das Leben des Menschen. Essen und Trinken, um am Leben zu bleiben. Lieben und zum Fortbestand der Menschheit beitragen. Ebenso frei denken und handeln nach eigenen Normen. Das moralische Gesetz akzeptiert, niemandem zu schaden. Zuhause sein, wo es einem gefällt. Arbeit haben, die es einem ermöglicht, ein angenehmes Leben zu führen. Ausbildungsplätze für Kinder und Gelegenheiten, die freie Zeit sinnvoll zu verbringen. Sich anpassen, wenn es dem Frieden dient.

Peu à peu selbstbewusst der zu werden, der man ist. So mühevoll der Weg dahin auch sein mag. Am liebsten da, wo Nähe ist, die man spürt. Dinge, die man kennt und liebt. Und Menschen, mit denen man Meinungen austauscht. Die einen verstehen, wie man sie versteht. Auf der Suche nach dem Optimum. Für ein Kind ist es das Elternhaus, das wärmt, ernährt und sagt, wo es lang geht. Im optimalen Fall auch Freiheit und Selbstwerdung vorlebt.

Später sind Freundeskreis, der Sportverein das Zuhause. Die Gemeinde, die Stadt, das Land, das politische Amt. Immer ist es Naheliegendes, nicht Entferntes. Etwas, das man mit allen Sinnen erfasst, mit dem Verstand bewerten, uneingeschränkt lieben kann. Heimat im weitesten Sinne. Schönheit ist Heimat, schreibt Roger Scrouton, ein englischer Philosoph. Für Künstler das Zuhause, das sie lieben. In dem sie leben und arbeiten. Zeitkritisch oder introvertiert. Alles andere ist für sie kein Thema. Im Extremfall sind sogar Familie, Freunde, Gemeinde und Staat außen vor. Europa allenfalls interessant als Absatzmarkt für ihre Werke. Europäer sind sie deshalb nicht, von Ausnahmen abgesehen. Sie haben genug mit sich zu tun, sich selbst zu verwirklichen. Und einer Idee Ausdruck zu verleihen. Ein Motiv der Maler, ein Schicksal der Schriftsteller, ein Klangbild der Musiker.

Andere pflegen tradiertes Brauchtum, ihre Sprache, ihre Kultur. Gewissheiten zu gewinnen über sich selbst. Wer bin ich? Woher komme ich? Fragen sich viele in einer Zeit, die aus den Fugen geraten scheint. Hamlet stellte es fest und Gustav Gründgens, der in Shakespeares Stück 1938 in Berlin den Titelhelden spielte: „Die Zeit ist aus den Fugen geraten" akzentuierte er so, dass alle merkten, was gemeint war. Hitlers Größenwahn erfasste das ganze Land und die Menschen wussten spätestens nach der Kristallnacht im selben Jahr, was ihnen blühte. Wer Wohnungen und Geschäfte von Juden zerstören, Synagogen niederbrennen, ihre Bewohner ermorden lässt, ins KZ werfen und vergasen, kann kein Großer sein. Ein Menschenfreund schon gar nicht. Der dann von den Nazis angezettelte Krieg um die Herrschaft der Germanischen Rasse forderte in Europa und Russland über 13 Millionen Tote. Hinterlassenschaft eines, der glaubte ein Gott zu sein. Von seinen Paladinen angebetet. Josef Goebels schreibt in seinem Tagebuch:

„Hitler ist unser Gott. Uns bleibt nichts anderes, als freudig seine Gebote zu befolgen."

Muss man immer erst zu spät erkennen, was gut ist für den einzelnen, für die Gemeinschaft? Ein Europäischer Staat ist auch so eine hybride Vorstellung. Vision von Politikern, die es nicht groß genug haben können. Sich selbst als Nachfolger Karls des Großen sehen. Des deutschen Kaisers, der ein europaweites Reich gründete mit vielen gehorsamen Paladinen. EU-orientierte Politiker kaschieren ihre Gelüste mit Zweckargumenten. Gemeinsame Justiz macht uns gerechter. Gemeinsame Steuern ehrlicher. Gemeinsame Währung macht uns wirtschaftlich stärker. Die Praxis lässt daran zweifeln. Jahrhunderte gewachsene Kulturen in Europas Süden sind zu verschieden, um die gleiche Auffassung von Geld und Sparen zu haben wie die Deutschen. Gemeinsame Streitkräfte stärken die Verteidigungskraft. Gegen wen? fragt man sich. Sind es die, die am lautesten schreien? Atombomben bauen wollen? Den Kapitalismus verachten und ihre kommunistische oder moslemische Weltanschauung für die beste der Welt halten?

Man kann sich gut vorstellen, dass solche Staaten sich so gebärden, um die westlichen Mächte aufzufordern: Haltet uns nicht für Feinde, nehmt uns ernst. Auch wenn wir vieles anders machen. Redet mit uns auf Augenhöhe. Iran und Nordkorea die Protagonisten. Es ist nicht auszuschließen, dass sich auf diesem Weg auch Menschenrechte peu à peu durchsetzen ließen. Dem neutralen Beobachter kommt es vor wie pure Angstmacherei. Einschüchterung auch ein Merkmal der Macht. Auf beiden Seiten.

Eine Seite ärgert die andere. Die Wut wächst auf beiden Seiten. Steigert sich bei jedem Anlass. Ausfällige Reden vor der Weltöffentlichkeit. Hie Trump in den USA, da Kim Jong Un in Nordkorea. Israels Ministerpräsident Netanjaho und Abbas, der Palästinenserpräsident im geteilten Land.

Jeder beansprucht Gebiete des anderen. Der Bruderkrieg kostete bisher schon tausende Menschenleben. Es hat noch niemand ausprobiert, ob es nicht auch anders geht.

Miteinander reden auf Augenhöhe. Gleichberechtigt ohne vorgefasste Meinung. Juden glauben Anspruch auf Palästina zu haben, weil Gott es ihnen versprochen habe vor über 2600 Jahren. Palästinenser sind dort zuhause, nachdem sie vor ca. 600 Jahren das Land besiedelten, als kaum noch Juden dort lebten. Christ-Demokraten überzeugt, sie seien bessere Menschen als Kommunisten. Sind Juden und Demokraten deshalb per se die besseren Menschen? Mein Gott! möchte man schreien, die Welt scheint nur noch aus Feindbildern zu bestehen. Größenwahn und Überheblichkeit auf allen Seiten. Kleinere Volksgruppen mit gerechten Ansprüchen, ihrem Glauben, Interessen und lieb gewonnenen Gewohnheiten untergebuttert. Dadurch ihren Willen zur Unabhängigkeit herausgefordert und gleichzeitig verhindert.

Liebe Politiker: Versuchen Sie es. Um Gotteswillen versuchen Sie es doch. Einmal wenigstens: Ändern Sie Ihre Vorstellungen von Wirklichkeit und Möglichkeit. Verdrängen Sie Visionen von Übermorgen. Machtgelüste, die Sie bisher mit Notwendigkeiten kaschierten. Vergessen Sie was war. Denken Sie einen Augenblick an die Menschen, für die Sie Verantwortung tragen. Nehmen Sie alle Gruppen in Ihrem Land ernst. Nicht nur die Sie gewählt haben. Und fangen Sie neu an. Auf die Sache konzentriert. Reden mit allen, hören zu. Und ziehen dann ihre Schlüsse. Es wird Besseres dabei herauskommen. In Ihrem Land auf alle Fälle.

Leider wird es Scharfmacher immer geben. Auf teuflische Art machtlüstern. Auch sie nur besessen von Größe und Macht über andere. Sie mundtot machen ist leider eine Kunst, die nur wenige beherrschen. Argumente ziehen nicht. Im Gegensatz zu denen der Scharfmacher, gewisse Populisten z. B. Sie gewinnen Anhänger, weil sie Benachteiligten bessere Zeiten versprechen. Die sind verunsichert. Folgen ihnen an die Wahlurne oder resignieren. Es ist zu befürchten, dass die Kämpfe um Macht und Einfluss weitergehen. Weil im Letzten die Grundbedürfnisse von Menschen nicht erkannt oder bewusst uminterpretiert werden. Handlungen zu rechtfertigen. Groß und wichtig zu erscheinen. Bürger in einem Staat wollen nichts Großes, über das man spricht. Kein Bundesverdienstkreuz, nicht Bürger eines anonymen Gebildes sein. Sie wollen nichts anderes als frei sein und sich zuhause fühlen, da, wo sie und ihre Vorfahren schon immer leben. Oder an einem anderen Ort in einem anderen Land, das ihnen und ihrer Familie Zukunft gewährt.

Problem: Das Räderwerk der Gesellschaften ist zu kompliziert, um einfach zu funktionieren. Zu viele divergierende Interessen sind im Spiel. In Demokratien und Diktaturen. Der Einzelne ein Isaak auf dem Opferaltar. Geopfert für einen abstrakten Gott?

Es ist so, seit Kain seinen Bruder Abel erschlug. Und Gott zuschaute ohne etwas daran zu ändern. Bis heute nicht verhinderte, dass einer immer mächtiger sein will als andere. Massen mitreißt und ein Chaos hinterlässt. Genug Beispiele aus der Geschichte der Menschheit jetzt im Detail. Jeder Einzelne aber sollte sich bei Druck von oben fragen: gebe ich mich auf oder wehre ich mich? Die historischen Beispiele in diesem Buch beweisen, Widerstand kann erfolgreich sein. Ein erster Schritt ist auch schon ein Erfolg.

Jeder bilde sich eine eigene Meinung. Gesetzlich geschützt oder nicht. Vielleicht kommt der ein oder andere Leser dieses Buches zu der Einsicht: ich will mich anstrengen, meine Vorstellungen von Groß und Klein ändern. Nicht Größe ist groß. In der Bescheidenheit zeigt sich Größe. Klein anfangen, sich mit dem begnügen, was gut für mich und die meinen ist. Andere Menschen nicht unbedingt lieben, wie es in der Bibel heißt. Tolerieren, die in meinem Land ein neues Zuhause suchen, wäre schon viel. Jeder Mensch braucht Raum, um sich zu entfalten. Und alle profitieren davon.

Eines noch zum Schluss: Gehirnforscher fanden heraus, dass sich der Mensch unbewusst den Verhältnissen anpasst. Um zu überleben. Nichts einzuwenden gegen diese Theorie. Wenn nicht das Wörtchen «wenn» da wäre. Wenn es zum Beispiel dazu führt, sich selbst aufzugeben. Einer Mode hinterherläuft, die nicht zu einem passt. Nur um «in» zu sein, um Gotteswillen nicht «out». Bio isst, weil Bio heute Religion ist. Aus der Kirche austritt, weil Glaube nicht mehr zeitgemäß ist. Das Recht zur Selbstbestimmung verlangt und sich scheiden lässt. Nicht darüber nachdenkt, dass Mensch mit der Trennung ein Stück von sich selbst aufgibt. Das immer verbunden bleibt mit dem anderen. Man sieht sich, na ja. Die Welt ist voll von schönen Frauen, attraktiven Männern. Jüngeren, vermögenden.
Versprechen brechen ist heute weitgehend keine Schande mehr. An der Tagesordnung bei Politi-

kern, Heilsverkündern und Menschen wie du und ich. Um die momentane Stimmung für einen Vorteil zu nutzen. Freiheit, was ist das? Der Eindruck entsteht, es gibt sie nicht mehr. Untergegangen in der Masse gleichgeschalteter Individuen.

Jedoch flackert Hoffnung auf. Immer mehr Menschen wollen frei sein. Frei «für» und nicht frei «von». Autonom entscheiden, wie sie sich kleiden. Nur Bio essen, wenn sie sich überzeugt haben, dass es Bio ist. Den anderen achten, lieben wie man sich selber respektiert und liebt. Untergebene gleichberechtigt behandeln. Tolerant sind gegenüber Fremden. Treu bleiben in Ehe oder Partnerschaft. Treu sich selbst nicht zuletzt. Trotz des Auf und Ab, das in allem ist, was atmet und lebt. Belohnt mit der Erkenntnis, es macht mich stark und tolerant. Da leben, wo man sich zuhause fühlt. Heute oder in naher Zukunft. Sich wehren gegen Bevormundung durch höhere Gewalt. Durch Moden aller Art. So schwer es ist, sich zu behaupten. Gegen eine von Kapital, Renommiersucht und Gleichmacherei bestimmte Welt. Anderes für möglich halten hat die Chance, wirklich zu werden. Bei sich selbst entdecken, was glücklicher macht als alle Güter dieser Welt. Alles muss klein anfangen.

Der akute Anlass

Katalonien wird derzeit in den Medien hoch gepuscht. Der Begriff «Unabhängigkeit» Idealzustand oder Schimpfwort. Grund und Anlass, darüber nachzudenken, ob der Wunsch nach Eigenständigkeit rechtens ist oder nicht. Der Schrei der Menschen nach Unabhängigkeit völkerrechtswidrig? Oder ein natürliches Bedürfnis, dem man genügen muss. Will man Gewalt oder Krieg verhindern. Und die Gemeinschaft aller Bürger im Land erreichen. Flexibel sein, das ein oder andere zugestehen wäre schon viel. Könnte die Lage entspannen.

Katalanen sind stolz auf ihre Vergangenheit. Wollen unabhängig sein von der Zentralgewalt in Madrid. Von Politik und Personen enttäuscht. Zornig, immer nur der Zahlmeister zu sein für den Staatshaushalt. Deshalb selber entscheiden, was gut für sie ist. Madrid weit, weit weg von ihren Interessen, ihren Vorlieben. Ihre Sprache, ihrer Art zu leben, zu feiern, zu trauern. Ein Referendum gab Regierungschef Carles Puigdemont die Möglichkeit, innerhalb weniger Tage die Unabhängigkeit auszurufen. 90 % der Teilnehmer wollten sie. Allerdings haben nur 42 % der gesamten Bevölkerung von 5,3 Millionen am Referendum teilgenommen. Der

Rest, wie überall in der Welt. hat sich aufgegeben, unentschlossen oder pro Madrid. Da weiß man, was man hat.

Viele warten gespannt, ob die junge Rechtsanwältin Inés Arrimadas es fertig bringt, Madrid zu Zugeständnissen zu zwingen, die Aufgeregten zu beruhigen. Sie gilt als Kontrahentin Puigdemonts, der nach Belgien flüchtete, bevor er im Auftrag Madrids verhaftet werden konnte. Weil er gegen die Verfassung gehandelt habe.

Der Aufstand scheinbar ergebnislos. Das wirft Fragen auf. Probleme wachsen zur Gefahr für das Land, Europa, die ganze Welt. Was wäre, gingen alle Volksgruppen auf die Straße? Alle, die sich vernachlässigt oder daran gehindert werden, zu leben wo und wie sie es am liebsten haben. Prügelten sich mit Polizisten, randalierten? Nordirland ein Beispiel seit Jahrzehnten. Venetien, die Lombardei in jüngster Zeit. Flamen und Wallonen in Belgien machen schon lange Rabatz. Stören sich gegenseitig, verhindern Gesetze. Regierungen in Brüssel wechseln sich ab. Können das Problem nicht lösen. Zu wessen Gunsten? Zu wessen Nachteil? Jeder hat gute Gründe und einen Freiheitshelden.

Die perfekte Lösung gibt es nicht. Sich mit Details beschäftigen hilft auch nicht, bleibt Theorie. Wichtig ist, sich ernsthaft zu fragen, wie Bürger darüber denken. Was sie fühlen, wenn sie in Ruhe gelassen werden, sich selbst verwirklichen können. Da, wo sie Gemeinschaft fühlen, ihr Zuhause ist. Ihre Religion ausüben und ihre Meinung äußern können, ohne Nachteile befürchten zu müssen. Weitgehend sich selbst organisieren. Und nicht nur Ausführende höherer Gewalt sein. Schlicht und einfach als «homo sapiens» ernst genommen werden wollen.

Flandern erinnert fatal an die Religionskriege im 16. bis 17. Jahrhundert. Als die Hegemonialmacht Habsburg, vertreten durch die spanische Krone, zum Kreuzzug gegen die Calvinisten in den Niederlanden aufrief. Philippe II., Katholik durch und durch, wollte dieses Land wieder katholisch machen. Die Niederlande als Katholikenblock zu behalten gegen den kontinuierlich wachsenden Protestantismus. Wichtiger noch, die großen Handelshäfen Rotterdam und Antwerpen nutzen zu können. Letzterer damals das Kapitalmarktzentrum Europas.

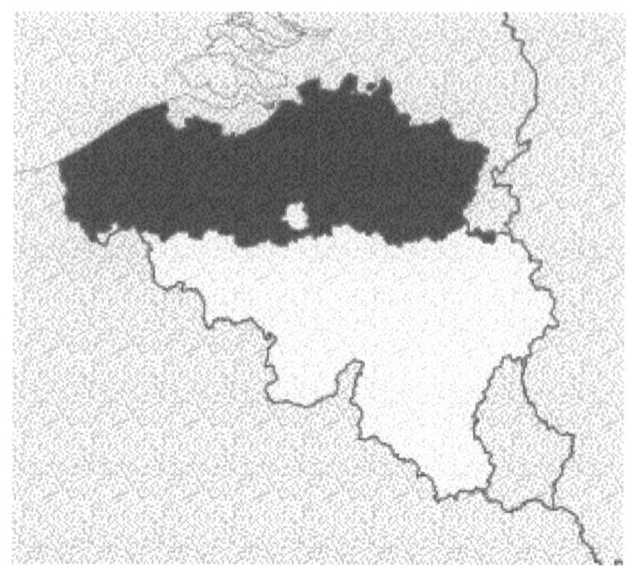

Flandern, der im 16./17.Jahrhundert umkämpfte südliche Teil der früheren Niederlande, der seit 1830 zu Belgien gehört. 6,4 Millionen Einwohner. Geteilt in 4 Provinzen, jede mit einer Verwaltungszentrale, Hasselt, Gent, Löwen, Brügge.

Friedrich Schiller schildert diesen vorgeblich religiösen Konflikt im Drama «Don Carlos». Sohn Carlos, befreundet mit einem Flamen, bittet seinen Vater König Philippe II: *„Geben Sie Gedankenfreiheit Sire."* Als treuer Anhänger der Kirche, Vertrauter des Papstes Pius V. in Rom aber sah Philippe sich als Werkzeug der kirchlichen Inquisition. Er besaß die Macht und vollstreckte sie. Betrachtete Protestanten in Flandern als seine Gegner. Denn die Kirche in Rom verurteilte sie wegen Häresie. Drei Millionen Niederländer pauschal ohne Unterschied. Die Hälfte aller Bürger ging auf die Straße, wehrte sich mit Protesten und Pamphleten. Die Calvinisten mit dem sogenannten «Bildersturm». Rissen Gottes- und Heiligenbilder von den Wänden der Kirchen. Papst und der König von Spanien schickten Militär dorthin.

Es kam zu blutigen Auseinandersetzungen. 6000 Menschen wurden hingerichtet, nur weil sie anders glaubten. Am Ende konnten sich die vereinigten Niederlande inklusive Flandern, vom südlichen Teil, heute Wallonien, trennen. Im Frieden von Münster und Osnabrück 1648 als eigenständiger Staat bestätigt. Die südlichen blieben spanisch. Bis zur Staatsgründung Belgiens 1830, Flandern und Wallonien zusammengelegt. Aber immer noch trennt sie Sprache und Brauchtum. Flämisch im Norden, Französisch im Süden des Landes. Belgien seitdem gespalten. Und keine Hoffnung auf Einigung. Hier hat das Verlangen nach Unabhängigkeit zu größeren Problemen als vorher geführt. Wie es mit Katalonien weitergeht, weiß im Moment niemand.

Aus der Geschichte scheint kein Politiker lernen zu wollen. Die Liste der sogenannten Separatisten ist lang. Von Menschen also, die nichts anderes verlangen als ernst genommen zu werden. Ihre Eigenart gewürdigt, ihr Anderssein, ihre andere Weltanschauung akzeptiert wird. Und wenn es nichts anderes ist als das Gefühl, da zu leben, wo es ihnen gut geht. Und es gestalten können nach ihren eigenen Vorstellungen.

Es hätte es kein Afghanistan gegeben, wäre man dieser Maxime gefolgt. Irak und Bosnien, die Herzegowina. Beispiele dafür, dass es nach Einmischung der USA und ihrer Verbündeten schlimmer wurde als es vorher war. Das westliche Ideal der Demokratie lässt sich nicht einfach übertragen. Setzt man Militär, Bomben und Panzer ein, ist es ein Verbrechen gegen die Menschlichkeit. Die Überzeugung anders zu sein. Der Verdacht auf Atomwaffen rechtfertigt keinen Überfall. Der wahre Grund: Amerika wollte seinen Einfluss vergrößern, um die reichen Ölvorkommen besser kontrollieren und für sich nutzen zu können.

Jedes Land hat das Recht auf eine eigene Geschichte. Seine eigene Kultur. Bodenschätze. Stärken und Schwächen. Fürsorgliche Präsidenten oder Diktatoren. Mit ihnen reden auf Augenhöhe ist zwingend. Egal was passiert. Nicht gleich drauflos ballern.

Nach dem Ende des ersten Weltkrieges lösten die Westmächte ehemalige Kolonien auf, setzten willkürlich Grenzen und nannten die neuen Länder, neben anderen im zentralen Afrika, Lybien, Jordanien, Irak, Ägypten. Halfen mit, als Jugoslawien sich selbst nach dem zweiten Weltkrieg zerstückelte. Alle diese Eingriffe von außen haben nichts bewirkt. Der Krieg um Autonomie und Ressourcen geht weiter, Volksstämme und Clans träumen von Macht und Reichtum. Religionsgemeinschaften brechen auseinander in radikale und friedliche Anhänger. Gotteskrieger töten Andersgläubige. Irlands Bürger blutig zerstritten aus religiösen Gründen. Die Hutu-Mehrheit in Ruanda mordete in den 1990ern annähernd eine Million Mitbürger, die dem Stamm der Tutzi angehörten. Die sich gegen deren Alleinanspruch zur Wehr setzten. Es scheint kein Rezept zu geben, solches zu verhindern. Die Vernunft als Regelwerk des Handelns abhandengekommen. Oder?

Die kluge Schlussfolgerung aus dem Dilemma, nicht nur für die zitierten, wäre: Bändigt eure Großmannssucht, vertragt euch. Auch wenn es noch so schwer fällt. Berücksichtigt gegenseitig Wünsche des anderen. Toleriert den anderen Glauben. Die andere Kultur, andere Ansichten über Liebe und Ehe. Diskutiert und macht Zugeständnisse, die Ihnen nur im ersten Augenblick wie ein Verlust vorkommen. Weil Sie auf etwas verzichten müssen, was Sie bisher für sich reklamierten. Langfristig aber gewinnt die Gemeinschaft aller. Und Feindbilder verschwinden. Die Schweiz macht es uns vor.

Lassen wir Schiller sprechen: Der Rüttlischwur in seinem Drama «Wilhelm Tell» beginnt: *„Lasst uns sein ein einzig Volk von Brüdern."* Bürger verschiedener Landesteile mit eigener Vergangenheit wollten Brüder sein, nicht Fremde wie bisher. Zusammen stark genug, sich gegen die Großmannssucht Österreichs zu verteidigen. Vier Sprachen in diesem kleinen Staatsgebilde. Deutsch, Italienisch, Französisch und Rätoromanisch. Sechsundzwanzig Kantone sind weitgehend selbstständig. Mit eigener Verwaltung, Wirtschafts- und Kulturpolitik. Eigener Steuergesetzgebung, Fachkräfte und Unternehmen auch aus anderen Ländern anzuziehen, die Zukunft der Schweiz zu sichern. Die Schweizer Parlamentarier in Kantonen und im Bund aus mehreren Parteien werben für Lösungen, die sie für die besten halten. Ausgeliefert jeden Tag kritischer Kontrolle von Bevölkerung und Presse.
Direkte Demokratie im Sinne Pericles, Vaters der Demokratie im alten Griechenland vor fast drei-

tausend Jahren. Soziale, kulturelle, religiöse Themen, Landesverteidigung und Wehr-Etat werden divers diskutiert. Spalten das Volk aber nicht in wir und die anderen, gute und böse. Frotzeln erlaubt und erwartet. In der «Basler Fasnet» spitzzüngig, nie beleidigend. In Medien und Bistros Tagesgespräch.

In kaum einem anderen Staat werden Personen der Öffentlichkeit so kritisch gesehen und verrissen wie in der Schweiz. Politiker, Staatsbeamte, Bürgermeister, sogar Bischöfe. Ein typisches Beispiel: Roger Köppel, Staatsrat in Bern für die SVP, die konservative Schweizer Volkspartei. Die NZZ subsummiert ihre Kritik in Kurzform:

„So tourt Köppel als eigentümliche Mischung aus Untergangsprophet, Revolutionsführer und Polit-Kabarettist durch das Land."

Und jeder liest es, amüsiert oder ärgert sich und zieht seine Konsequenzen. Das Volk sagt, was es will. Parlamentarier verhandeln nach einem Referendum solange, bis alle Beteiligten sich als Sieger fühlen. Berechtigte Interessen berücksichtigt sind. Es kann Jahre dauern, bis ein Volksbegehren Gesetz ist. Aber es funktioniert seit über fünfhundert Jahren. Die gesunde Basis: Föderalismus und strikt praktizierte Neutralität seit dem 16. Jahrhundert.

Die USA haben wie die Schweiz derzeit 50 weitgehend selbstständig agierende Gliedstaaten. Die aber erst 21 Jahre nach ihrer Gründung 1767 ein funktionierendes Parlament hatten. Dennoch hängen Krieg und Frieden von der stärksten Partei in Senat und Kongress ab. Mal sind es die Republikaner, mal die Liberaldemokraten. Die berühmtesten ihrer Geschichte waren immer in Kriege verwickelt. Interne und externe. Oder drohten mit ihrer militärischen Übermacht allen, die ihnen nicht passten. Republikanische Präsidenten besonders. Donald Trump das aktuelle Beispiel.

Ein Elefant im Porzellanladen, noch freundlich kritisiert.Droht mit Atombomben Nordkorea zuvorzukommen. Verlegt die US-Botschaft von Tel Aviv nach Jerusalem, bestätigt die zwischen Juden und Arabern geteilte Stadt als Hauptstadt Israels. Ein Zugeständnis, das im Kongress schon 1995 beschlossen, von Präsident Clinton jedoch abgelehnt wurde. Es gefährde den Friedensprozess. Zurzeit ist Jerusalem in israelisches West- und palästinensisches Ost-Jerusalem geteilt. Voraussetzung für zwei Staaten und friedliches Nebeneinander. Wenn schon nicht miteinander.

Palästinenser, ohnehin seit Jahrzehnten benachteiligt, zündeten spontan nach Trumps Rede die amerikanische Flagge am Gebäude der Botschaft in Jerusalem an, auch in anderen Städten. Empört über den Eingriff der USA, die Freund, Geld- und Waffenlieferant Israels sind. Ultrakonservative Juden eine starke Lobby an den Schaltstellen von Politik und Kapital. Israels Regierungen hatten lange vorher schon Tausende Palästinenser-Familien aus ihren Häusern vertrieben und Israelis angesiedelt. Die Politik mit der Rückkehr in ihre Heimat zu sanktionieren. Jahwe habe sie ihnen in ihrem Exil in Babylon vor mehr als 2500 Jahren versprochen. Das damals unter Zwang verlassene Palästina ist bis heute 600 Jahre arabisch.

Es wurde ein Problem, als mehr Juden als vor dem Holocaust nach Palästina flüchteten, das bis dahin so hieß. Seit 1947 nennt es sich Israel. Von fast allen Staaten der Welt akzeptierte freiheitliche Demokratie. Kritisiert wird jedoch seine Siedlungspolitik und Zwangsmaßnahmen, um Palästinenser in Schach zu halten. Trump hat also Öl ins Feuer geworfen statt Israelis und Palästinenser an den Tisch zu bringen. Um ohne Vorbehalte zu verhandeln.

Katalonien, die spanische Provinz am nordöstlichen Zipfel der Iberischen Halbinsel. 5,5 Millionen Einwohner, Hauptstadt Barcellona.

Es wäre spannend, wenn es in Spanien auch dazu käme. Nicht einfach wie bisher, darauf bestehen, Madrid ist Mitte, die allen diktiert, was sie zu tun oder zu lassen haben. Barcelona, die Hauptstadt Kataloniens, ist auch eine Mitte. Und keine unbedeutende. Etwa die Hälfte der Bürger fühlten sich bereits seit ihrem Widerstand gegen die Diktatur General Francos als die besseren Spanier. Stolz auf ihre Tradition. Von demokratischen Regeln überzeugt. Bei den jetzigen Auseinandersetzungen tragen sie eine gelbe Schleife an Bluse oder Jackett.

Stadt und Region boomen seit langem. Katalonien ist der Motor des wirtschaftlichen Erfolges im sonst ärmeren Spanien. Ausgleichen musste Madrid diese Diskrepanz. Durch Transfer von Steuergeldern aus Katalonien nach Andalusien z. B. Wirksamer wäre es, zeigte Madrid guten Willen und kompensierte den Ärger der Katalanen mit Zugeständnissen in der Autonomie. Fände einen besseren Verteilerschlüssel ohne die Wirkung zu verlieren. Will es zufriedene Staatsbürger in Katalonien, im ganzen Land.

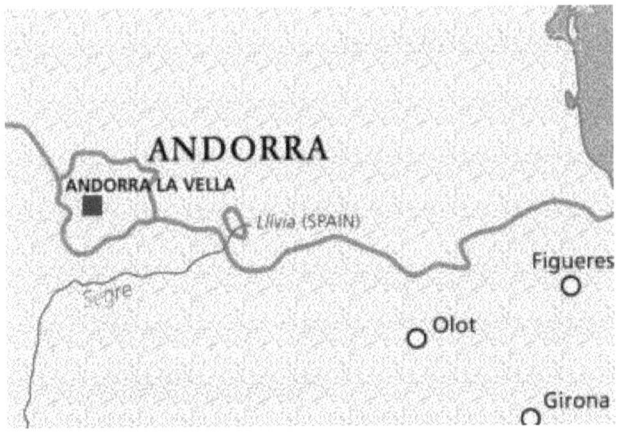

Andorra, ein Zwergstaat zwischen Frankreich und Spanien, grenzt an Katalonien. Parlamentarische Monarchie mit 78.000 Einwohnern. Hauptstadt Andorra La Vella

Es wird interessant sein zu beobachten, ob das Fürstentum Andorra in der aktuelle Lage die Situation in Katalonien beeinflusst. Ein Zwergstaat in den Pyrenäen zwischen Spanien und Frankreich. An der Grenze zu Katalonien. 1278 gegründet, seit 1993 parlamentarisch demokratische Monarchie. Von einer Doppelspitze repräsentiert, dem katalanischen Bischof und dem französischen Staats-Präsidenten. Regiert von einem Ministerpräsidenten. Die Stimmung ist pro-katalanisch. Ob Katalonien unabhängig wird nach der von Madrid verordneten Wahl am 21. Dezember 2017? Knapp gewonnen zwar von den Separatisten, vermutlich aber geht der Streit weiter.

Wie in vielen Ländern der Welt. Wir könnten verzweifeln, sehen wir Bilder im Fernsehen, hören Interviews mit Betroffenen. Überall Menschenrechte verletzt, Besitz oder Landesteile verteidigt, bombardiert und requiriert. Unrecht siegt. Konzentrieren wir uns auf das nahe liegende Europa. Nachfolgend eine Reihe von Volksgruppen, die für ihre Unabhängigkeit kämpften. Mal friedlich, mal mit Waffen, Bombenanschlägen und öffentlichen Protesten. Allen gemeinsam ist der Wunsch, autonom zu sein, Zukunft selbst zu gestalten. Eigenarten bewahren, unbehindert von einer zentralen

Macht. Das Gefühl haben: wir sind, die wir sind. Keine zwangsverpflichteten Untertanen eines Staates, der sich um andere Dinge kümmert statt um die Interessen aller seiner Bürger.

Die nachfolgenden Beispiele gelungener oder misslungener Unabhängigkeit folgen dem Alphabet. Um mögliche Streitigkeiten oder gar Ansprüche zu vermeiden. Auf Europa eingegrenzt. Global gesehen, würde es Buch mit zehntausend Seiten. 20 Beispiele aus Europa reichen aus, grundsätzliche Probleme und Phänomene der Selbstbestimmung zu beschreiben.

Åland

Ein Musterbeispiel für gelungene Separation. Die Region Finnlands eine Gruppe von 6700 Inseln in der nördlichen Nordsee. Im Bottnischen Meerbusen zwischen Schweden und Finnland. Insgesamt 29.093 Einwohner. Unabhängig seit 1921 laut Beschluss des Völkerbundes. Entmilitarisiert und autonom mit eigener Gesetzgebung und Verwaltung. Staatspräsident z. Zt. Sauli Sinisto. Regierungschefin Camilla Gunell. Man hört und liest nur von friedlichen Absichten. Akkreditiert in Brüssel, der Euro ihre Währung. Åland, eine wechselvolle Geschichte.

Mal gehörten die Inseln zu Schweden, mal zu Finnland oder Russland. Gegen Ende des zweiten Weltkrieges 1944 plante die Deutsche Kriegsmarine Åland zu besetzen. Als Stützpunkt gegen Russland. Die Absicht wurde nicht umgesetzt. Russische Armeen inzwischen schon weit vorangekommen, in Richtung Berlin.

1954 hisst Åland seine eigene Flagge. Ihre Bewohner zufrieden mit dem Status Quo. Die Fischwirtschaft blühte auf, Gelder flossen und blieben im Land. Der Tourismus gewann an Bedeutung. Arbeitslosenquote die niedrigste in Europa. Amtssprache ist Schwedisch. Religionszugehörigkeit überwiegend Evangelisch-Lutherisch. Finnland und Helsinki sind kein Thema.

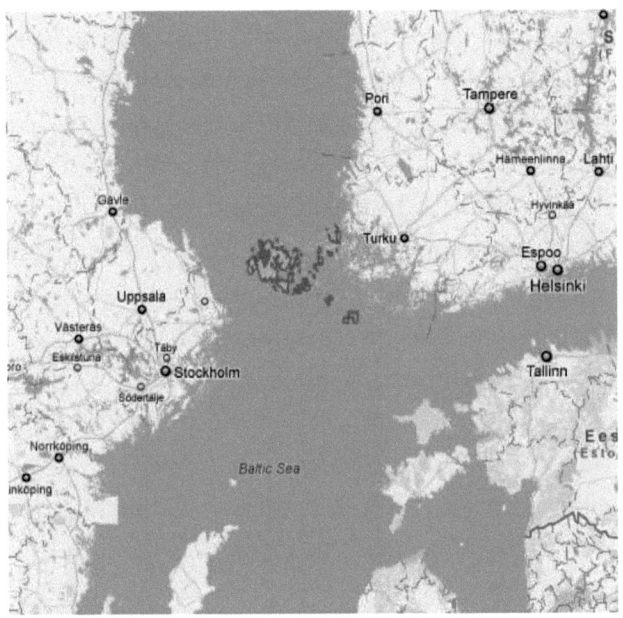

Åland, ein Archipel in der Ostsee zwischen Schweden und Finnland. Mit über 6700 Inseln und Schären. ca. 50.000 Einwohner, Hauptstadt Mariehamn

Balkanländer

Sammelbegriff für heute neun Staaten, die geografisch einschließlich Griechenland eine Halbinsel sind. Seit Jahrhunderten die Landbrücke von Europa nach Asien. Ihre Grenzen durchlässig, die Küsten offen. Aber bis 1918 im Spannungsfeld mächtiger Staaten wie Österreich, Russland und dem osmanischen Reich. Gebiete wurden verschoben, Grenzen geändert, sodass keine Loyalität entstehen konnte. Jede Volksgruppe versuchte, unabhängig von anderen ein autonomer Staat zu sein. Rumänen, Bulgaren, Griechen, Albanier, Kosovaren, Mazedonier, Serben, Montenegriner, Kroaten, Bosniaken, Herzegowiner und Slowenen. Insgesamt etwa 66 Millionen Menschen, verteilt auf damals zwölf Staaten. In einem Zuhause, das nie sicher war.

Man sprach von Balkanzuständen, wenn man ein politisches Durcheinander meinte. Chaos, Gewalt und Korruption an der Tagesordnung. Das ganze Gebiet vom zivilisierten Europa abschätzig als rückständig bezeichnet.

1909 erste Gedanken der Sozialdemokraten zu einer Neuordnung des Landes. Sie gründeten die «Föderative Balkan-Republik». Schlossen 1934 einen Pakt mit der Türkei und Griechenland, um ihre Macht abzusichern. Die Bevölkerung des Balkans aber zersplittert in viele Ethnien damals und heute noch. Kulturell in der Frühzeit beeinflusst vom Römischen und Byzantinischen Reich. Später vom osmanischen Reich, der Republik Venedig und Österreich. Auch Russland hatte territoriales Interesse am Balkan, weil mehr als die Hälfte der Bewohner der russisch-orthodoxen Kirche angehörten. Neben Christen und Muslimen.

Jugoslawien, von 1918 bis 1941 erster Staat nach Jahrhunderten der Zersplitterung in 12 Ethnien und Sprachen. Heute in 7 autonome Republiken geteilt mit eigener Hauptstadt. ca. 39 Millionen Einwohner gesamt.

Nach dem ersten Weltkrieg erster Versuch, die verschiedenen Ethnien in einem Staat zusammenzufassen. Unter Mitwirkung der Siegermächte entstand das erste «Jugoslawien». Es hatte Bestand von 1918 bis 1941. Staatsoberhaupt war König Peter I. Seine Regentschaft stand von Anfang an unter keinem guten Stern. Teilstaaten wollten selbstständig sein, autonom entscheiden. Serben, die sich Großserben nannten, hielten dagegen. Unterdrückten freiheitlich gesinnte Bürger. Ethnische und religiöse Spannungen nahmen zu, verschärften sich. König Peter konnte den Streit nicht schlichten. Staatskrise die Zwangsfolge.

Alexander, Prinzregent von Serbien erkannte seine Chance, riss das Ruder an sich. Setzte sich auf den Königsthron und diktierte, was zu tun war. Als «König Alexander I.» der Serben, Kroaten und Slowenen hatte er die Macht in den Händen. Löste die Verfassung auf, proklamierte 1929 die Königsdiktatur und nannte das Land «Königreich Jugoslawien». Es bestand knapp elf Jahre. Immer wieder revoltierten Bürger gegen die absolute Macht. Alexander ließ sie durch das Militär brutal niederschlagen. Am 9. Oktober 1934 fiel er einem Attentat zum Opfer.

1941 im zweiten Weltkrieg besetzten deutsche und italienische Truppen das Land. Serbien blieb als

Vasallenstaat der Nazis militärisch besetzt. Slowenien aufgeteilt zwischen Deutschland, Italien und Ungarn. Man nannte das Gebilde «Unabhängiger Staat Kroatien». Montenegro und Albanien Italien zugeschlagen, damit also auch hörige Vasallenstaaten der Faschisten.

Eine Reihe von Beschlüssen politischer Kräfte, AVNOJ genannt, bildete die Grundlange für die Neuordnung nach Kriegsende. Am 29. November 1943 unterschrieben, das Datum später ein staatlicher Feiertag. Bei den ersten freien Wahlen 1945 gewann die kommunistische Volksfront. Ihr Anführer «Josip Broz Tito» der Staatschef. Die neue «Föderative Volksrepublik Jugoslawien» bestand aus sechs Teilrepubliken: Slowenien, Kroatien, Bosnien mit Herzegowina, Serbien, Montenegro-Mazedonien. 1946 erhielt Jugoslawien eine am Vorbild der Sowjetunion orientierte Verfassung.

Ab 1948 distanzierte sich Tito immer mehr von der Sowjetunion und dem Ostblock. 1959 kam es zum Bruch zwischen den kommunistischen Staaten, der bis zum Ende der Stalin-Ära dauerte. Tito verfolgte einen eigenen Kommunismus, auch «Titoismus» genannt. Suchte erste außenpolitische Kontakte zu westlichen Staaten. Sein Land zu modernisieren. Langsam kam es zur Zusammenarbeit mit bisher verachteten kapitalistischen Ländern. Auf wirtschaftlichem Gebiet zeigten sich rasch Erfolge. Moderne Maschinen importiert, landwirtschaftliche Produkte exportiert. Zögernd begannen Bürger aus dem Westen ihren Urlaub an den Küsten Kroatiens zu verbringen. Nicht lange und Kroaten kamen nach Deutschland, zu arbeiten oder Restaurants zu gründen.

Tito begründete mit anderen die «Anti-imperialistische Bewegung blockfreier Staaten». In der Jugoslawien die führende Rolle spielte. Außenpolitisch aktiv, fror es die Beziehungen zu Israel ein. Als es nach dem Sechstagekrieg Palästinensergebiete für sich reklamierte. Am 7. April 1963 wurde das Land in «Sozialistische, Föderalistische Republik Jugoslawien» SFRJ umbenannt. 1974 die Provinzen «Vojvodina» und «Kosovo» laut Verfassungsänderung autonom. Damit informell zu Republiken aufgewertet. Formell unterstanden sie Serbien. So also bestand die SFRJ aus sechs Teilrepubliken und zwei autonomen Provinzen innerhalb Serbiens.

Nach dem Tod Titos am 4. Mai 1980 übernahm das Präsidium der Republik die Regierungsgeschäfte. Vertreter ihrer Teilrepubliken und Provinzen waren sich immer öfter nicht einig. Es kam zu Streitereien, die Tito früher souverän geschlichtet hätte. Nun fehlte der Integrator.

1991 fanden demokratische Wahlen statt. In einem anschließenden Referendum sollte die Meinung der Bürger zur Souveränität ihrer Republik bzw. Provinz befragt werden. Die Wahlbeteiligung mit über 90 % hoch. Die Unterschiede eklatant. Streitereien die Folge. Belgrad, Hauptstadt Serbiens, versuchte erste Unruhen militärisch zu deckeln. Vor allem in Serbien, Kroatien, dann in Bosnien, Herzegowina und Kosovo. UN-Truppen griffen ein, zu schlichten und weitere Massaker zu verhindern. Letztendlich konnten Teil-Republiken des ehemaligen Jugoslawiens ihre Unabhängigkeit erklären: «Serbien-Montenegro». Diese Kombination rettete ihren internationalen Status. Als Nachfolgerin der vormaligen SFRJ hätten sie das UN-Mandat verloren.

Nicht lange danach und «Montenegro» trennt sich von Serbien, wurde autonome Republik. Weitere ehemalige Teile Jugoslawiens nach und nach autonome Republiken: «Kroatien», «Bosnien- Herzegowina», «Slowenien», «Mazedonien» und der «Kosovo», der ewige Zankapfel auf dem Balkan. Dessen völkerrechtlicher Status ist allerdings noch umstritten.

Baskenland

Irgendetwas scheint die Basken beruhigt zu haben. Nach jahrzehntelangen Kämpfen um mehr Freiheit und Unabhängigkeit von Madrid. «Baskenland» ist eine autonome Gemeinschaft, die aus baskischen, spanischen und französischen Elementen besteht. Dreigeteilt also ihre Interessen. Seine jüngere Geschichte geprägt von Aufständen und Niederlagen. Es lohnt, sich mehr damit zu beschäftigen. Geht es, wie so oft, um Selbstbestimmung.

Im frühen 20. Jahrhundert entstand ein baskisch nationales Bewusstsein. 1931 Baskenland als »Demokratische Spanische Republik» ausgerufen. Im Bürgerkrieg unter General Franko kämpften baskische Nationalisten gegen eine wachsende Zahl von Franco-Anhängern im Land. Hitler unterstützte den General, schickte die Legion Condor, ein Fliegergeschwader, republikanische Stellungen zu bombardieren. Guernika, eine Stadt im Norden wurde völlig zerstört, obwohl dort kein Militär stationiert war. Kaum einer überlebte. Pablo Picasso, der berühmte spanische Künstler, protestierte mit einem 3,50 x 7,77 m großen Gemälde auf der Weltausstellung 1937 in Paris. Titelte es «Guernica». Das Bild eine einzige Anklage gegen Krieg.

Niemand vergisst es, der es sah. In Bildbänden sieht. Die Diktatur entlarvt. Frieden gewonnen?
Nach dem zweiten Weltkrieg erholte sich das Baskenland. Die Wirtschaft blühte und zog Arbeitskräfte an. Die Bevölkerungszahl explodierte. Die ETA entstand, Baskisch «Euskadi 'Ta Askatasuna», „Baskenland und Freiheit" auf Deutsch. Die radikal nationalistische Bewegung forderte, das Baskenland zu befreien, loszulösen von Madrid. Entschlossen einen Kampf mit Waffengewalt zu führen. 1961 erste Sabotageakte. 1968 erste Tote. Nach der Anklage gegen ETA Mitglieder erstarkte diese Gruppierung, wurde Partei. Gewann die Sympathie der Bevölkerung. Am 20. Dezember 1973 wurde Spaniens Ministerpräsident Louis Carrero Blanco, ein Schützling Frankos, ermordet. Brand- und Bombenanschläge folgten.

Nach Frankos Tod 1975 begann die Regierung in Madrid die ETA systematisch zu bekämpfen. In den Jahren 1978 bis 1986 erschütterten gewalttätige Anschläge das Land. 253 meist unschuldige Zivilisten die Opfer. Erst 1988 schloss Madrid einen Anti-Terror-Pakt mit der ETA. Die Angelegenheit kam vor den Menschenrechts-Gerichtshof in Den Haag. Doch es grummelte weiter. 2006 schlug die ETA eine einseitige Waffenruhe vor.

Um Friedensgespräche mit der Regierung in Madrid zu führen. Ihre Mitglieder hatte sie offenbar aber nicht im Griff. Im selben Jahr erfolgte ein Sprengstoffanschlag auf den Flughafen Barajàs bei Madrid. Zwei Tote. Verhandlungen von der Regierung auf unbestimmte Zeit ausgesetzt. ETA kündigte das Abkommen.

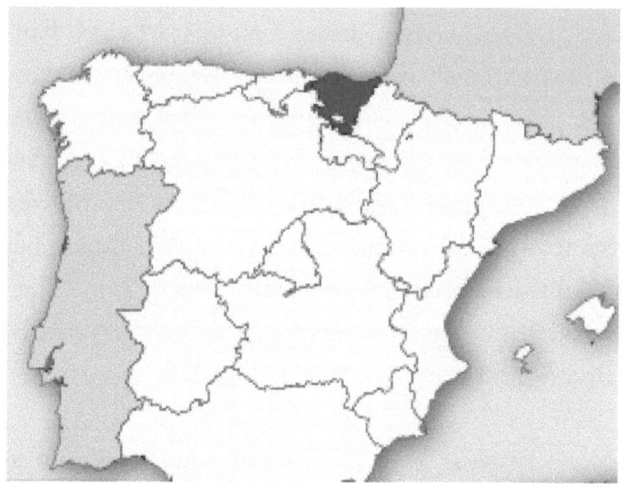

Baskenland, eine Provinz an der Biskaya, die baskisch, französisch und spanisch orientiert ist. Offiziell aber eine Region der parlamentarischen Erbmonarchie Spanien. 2,3 Millionen Einwohner. Hauptstadt Vitoria Gasteiz

Am 28. September 2007 kündigte der Präsident des Baskenlandes Juan José Ibaretxe ein Referendum an. Ziel: eine politische Lösung für die Zukunft des Landes zu finden. Um am Ende unabhängig zu sein. Alle Parteien Spaniens lehnten das Referendum ab. Sportvereine von Baskenland und Katalonien standen auf, verlangten die Unabhängigkeit ihrer Region. Mit Verwaltung und allen sozialen, wirtschaftlichen und kulturellen Eigenheiten. Offizielle Vertreter ihrer Regierungen unterzeichneten eine Deklaration. Madrid lehnte ab.

Vor den spanischen Parlamentswahlen 2008 wurde der Kommunalpolitiker Isaias Carasco in seinem baskischen Heimatdorf erschossen. Nach den Wahlen weitere Anschläge der ETA. Im selben Jahr noch plante die baskische Regierung erneut eine Volksbefragung. Mit der Absicht, Ideen und konkrete Vorschläge zu erhalten, die das aktuelle Basken-Problem politisch, nicht gewaltsam lösen könnten. Spaniens Verfassungsgericht erklärte das Referendum für verfassungswidrig. Und somit als nicht wirksam. 2017 in Katalonien dasselbe Urteil. Haben die Mächtigen immer Recht? Die sogenannt übergeordneten Interessen? Eines Staates, dessen Anliegen es sein soll, alle ins Boot zu holen. Zu dienen und nicht zu herrschen. Der gleichermaßen geliebte und gehasste preußische König Friedrich

II., der Große genannt, bekannte:„ Ich bin der erste Diener meines Staates". Allerdings waren ihm die Bürger anderer Länder egal. Preußen sollte groß und mächtig sein. Konsequenz: Aussagen großer Männer sollte man mit Vorsicht genießen.

Bretagne

Ein Landesteil mit 3,2 Millionen Einwohnern strebt die Unabhängigkeit vom übrigen Frankreich an. Eingeschlossen das «Departement Loire et Atlantique». Ihre lange Geschichte wechselnder Zugehörigkeiten im Gedächtnis der Bretonen. Im 100-jährigen Krieg mal Frankreich, mal England zugeschlagen. Proteste allenthalben. Bereits 409 vertrieben sie die römischen Verwaltungsbeamten. Erklärten sich für frei und unabhängig. Bis um 500 der eroberungssüchtige merowingische König Chlodwig die Bretagne seinem Reich einverleibte. Nach seinem Tod gründeten die Bretonen ein eigenes Königreich, das 200 Jahre bestand. Karl der Große zerschlug und stufte es ab zur Provinz in seinem immer größer werdenden Reich.

814 nach Karls Tod, kein halbes Jahr später Aufstände. Um sie friedlich beizulegen ernannte Karls Nachfolger Sohn Ludwig I., der Fromme genannt, den Bretonen Nominoë zum «ductus ipsius gentis». Also zum Herrscher der Bretonen. Der, kaum die Macht in Händen, kämpfte gegen die Franken, siegte und trieb sie aus dem Land. Trotz weiterer Streitigkeiten mit Normannen, Franzosen und Engländern blieb die Bretagne unabhängig bis ins 14. Jahrhundert. In den Erbfolgekriegen wechselten

wieder die Besitzverhältnisse. Bis die Bretagne 1532 offiziell Frankreich eingegliedert wurde. Noch 400 Jahre danach gab es Widerstände. Bretonische Nationalisten sprengten 1932 das Vereinigungsdenkmal in Rennes.

Von der Revolution 1789 versprachen sich die Bretonen Vorteile. Mussten aber bald feststellen, dass sie Nachteile hatten, weil sie ihren katholischen Glauben ernst nahmen. Zum Missvergnügen des «Directoire» in Paris. Im zweiten Weltkrieg fiel die Bretagne den Deutschen kampflos in die Hände. Die bauten an den Küsten Bunker. Funktionierten Häfen um zu richtigen Festungen. Logisch, dass die Alliierten vor ihrer Invasion diese Anlagen mit wiederholten Bombardements völlig zerstörten. Zugleich aber auch die Städte, in ihrem Umkreis. Bis im Juni 1944 die Alliierten an den Küsten landeten und nach fast einem Jahr der Krieg dann endlich zu Ende war. Paris investierte, um die Wirtschaft zu fördern. Aus dem Armenhaus Frankreichs eine zukunftssichere Region zu machen. Insgesamt profitierte die Bretagne vom Anschluss an Frankreich. Die Wirtschaft mit Seehandel und Fisch- und Landwirtschaft boomte. Nach 1945 tauchten erneut Regionalisten aus der Versenkung auf. Hass ihr Motiv gegen alle, die mit Paris kollaborierten.

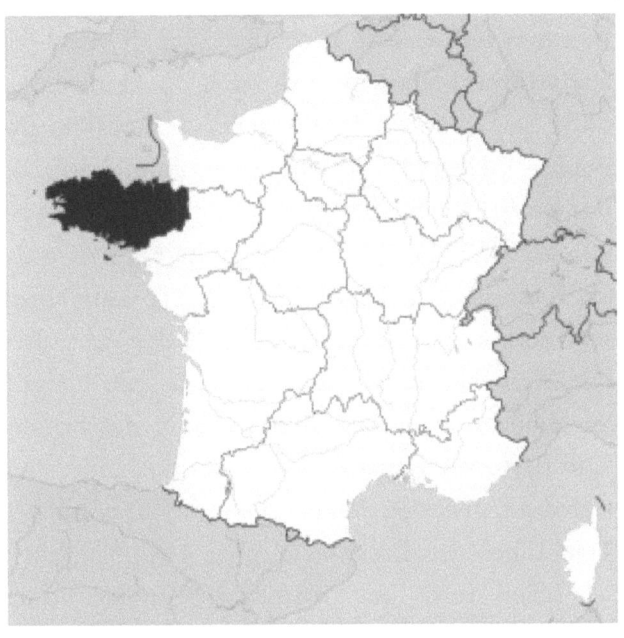

Bretagne, die westlichste Region Frankreichs. Zwischen Ärmelkanal und Biskaya gelegene Halbinsel. 100 Jahre umkämpft von Engländern und Franzosen. Heute 3,3 Millionen Einwohner. Hauptstadt Rennes.

Doch liberale Kräfte gewannen mehr Einfluss. Bestärkt durch Charles de Gaulles «Comitée zur Förderung bretonischer Interessen». Ein nicht vorhersehbarer Aufschwung verhinderte weitere Abwanderungen von Bretonen. In Gebiete oder Länder, in denen sie Arbeit zu finden hofften. Die

Bretagne mittlerweile nach der Côte d' Azur die zweitgrößte Fremdenverkehrs-Region Frankreichs. Offizieller Status der Bretagne: «Établissement-Public». Geleitet von einem Regionalpräfekten. Die Befugnisse gegenüber Paris konnten stetig erweitert werden. Mit Aussicht auf weitere Fortschritte im Interesse der Region. Mittlerweile kann man sein Abitur in Bretonisch ablegen. Es geht also. Die Menschen scheinen gelassen zu sein. Pflegen ihr Brauchtum, lernen Bretonisch in der Schule. Sind Bretonen. Franzosen vielleicht noch. Nie aber Europäer. Europa-Abgeordnete in bretonischer Tracht bei der Diskussion über Unabhängigkeit wünschenswert – aber wirkungslos. Im Strasbourg tagt Verantwortung. Man würde es als Kindertheater abtun und zur Sache kommen. Die ihre ist: Ein vereinigtes Europa zu schaffen. Ohne Wenn und Aber.

Deutschland

Zwei Provinzen machten schon früh von sich reden. Das Rheinland einschließlich der Pfalz und Schleswig-Holstein. Unter Ludwig XIV. dem französischen Sonnenkönig, besetzte Frankreich das linke und rechte Rheinufer. An der prosperierenden Wirtschaft interessiert. Auch Napoleon besetze es, reformierte mit dem «Côde-civil» die Verwaltung. Man sprach Französisch. Nach dem «Wiener Kongress» 1814-15 unter preußischer Verwaltung. Heinrich Heine, der damals in Düsseldorf lebte, floh nach Paris. Paris sei die Hauptstadt der geistigen Welt. Preußen verfolgte den jüdischen Dichter, weil er als Journalist und Satiriker das von Preußen regierte Land und seine einseitige Politik kritisierte, verspottete auf seine Art:

„Denk ich an Deutschland in der Nacht – dann bin ich um den Schlaf gebracht – ich kann nicht mehr die Augen schließen – und meine heißen Tränen fließen.
Gottlob durch meine Fenster bricht – französisch schönes Tageslicht – es kommt mein Weib, schön wie der Morgen – und lächelt fort die deutschen Sorgen. "

Das Rheinland

Hundert Jahre nach den Napoleon-Kriegen im 19. Jahrhundert wurde es wieder unruhig, Der Erste Weltkrieg die Ursache. Während der französischen Besetzung des Rheinlandes nach 1918 entstand 1923 eine separatistische Bewegung. Sie nannte sich «Separatistische Freihändler». Ihr Ziel, das Rheinland als eigenständigen Staat zu gründen. Am 21. Oktober erkannte der französische Hochkommissar Paul Tiran die aufständische Gruppe als legitime Regierung an. Weil sie, wie er verlautbaren ließ, das Resultat einer Revolution war. Die eigene folgenreiche Revolution 1789 wohl noch im Kopf.

Proteste der deutschen und der englischen Regierung folgten. London stellte die bisherige militärische Unterstützung Frankreichs und Belgiens ein. Die Separatisten aber versuchten mit frisch rekrutierten Truppen ihre Herrschaft aufrecht zu erhalten. Requirierten bei der Bevölkerung Lebensmittel ohne sie zu bezahlen. Logischerweise kam es zu bewaffneten Auseinandersetzungen. Sie dauerten bis Ende November desselben Jahres.

Erst mit der Neuordnung des westdeutschen Staates nach 1945 beruhigte sich die Lage. Die Bundesländer Nordrhein-Westfalen mit dem Ruhrgebiet und Rheinland-Pfalz entstanden. Von den Engländern veranlasste «Mariage». In etwa den Grenzen des in den 1920ern geplanten autonomen Rheinlandes. Erst als in den 1970er Jahren in NRW eine Gebietsreform durchgeführt wurde, protestierten die Bewohner einzelner Städte und Gemeinden. Weil sie nun keine Wattenscheider mehr sein durften, sondern Bochumer. Zwangsweise eingemeindet. Größere Aufstände später, als aus wirtschaftlichen Zwängen Stahlwerke und Zechen still gelegt wurden und tausende Arbeitsplätze verloren gingen. Plätze, an denen die Menschen seit Generationen hingen. Neue Dienstleistungen konnten nur zögernd den Verlust mit der Zeit ausgleichen.

Das Ruhrgebiet und die Pfalz

Nach dem 1. Weltkrieg 1923 änderte sich die Stimmung im Ruhrgebiet und in der damals autonomen Pfalz. Am 4. November forderte die separatistisch gesinnte «Kölner Volkszeitung» dazu auf, eine «Rheinische Republik» auszurufen. Konrad Adenauer war damals Oberbürgermeister von Köln und führendes Mitglied der «Zentrumspartei». Einziger Punkt der Tagesordnung auf einer kurzfristig einberufenen Parteiversammlung: Gründung einer «Rheinischen Republik». Adenauer begründete diesen Schritt mit dem Versagen der Hegemonialmacht Preußen. Preußen der böse Geist einer Junker-Kaste, kriegslüstern und gewissenlos einzig militärisch orientiert. Preußen sei für die anderen deutschen Länder nicht mehr tragbar.

Auf derselben Versammlung wurde festgehalten: auch für das Rheinland gilt das politische Recht der Selbstbestimmung. Eine Rheinische Republik bzw. Westdeutsche Republik sollte eine Übergangslösung sein. Für den Fall, Preußen wird aufgeteilt. Adenauer strebte gemeinsam mit den Siegermächten eine praktikable Lösung an.

Nicht lange und es bildeten sich in vielen Städten und Gemeinden separatistische Bewegungen mit unterschiedlichen Zielen. Jede wollte für sich Autonomie. Die damalige Reichsregierung unter Philipp Scheidemann verlautbarte: *„Die Rheinische Frage könne nur in fester Reichseinheit gelöst werden. . . eine endgültige Lösung erst nach Friedenschluss und auf verfassungsmäßigem Wege erfolgen."* Umständlich ist Amtsdeutsch bis heute.

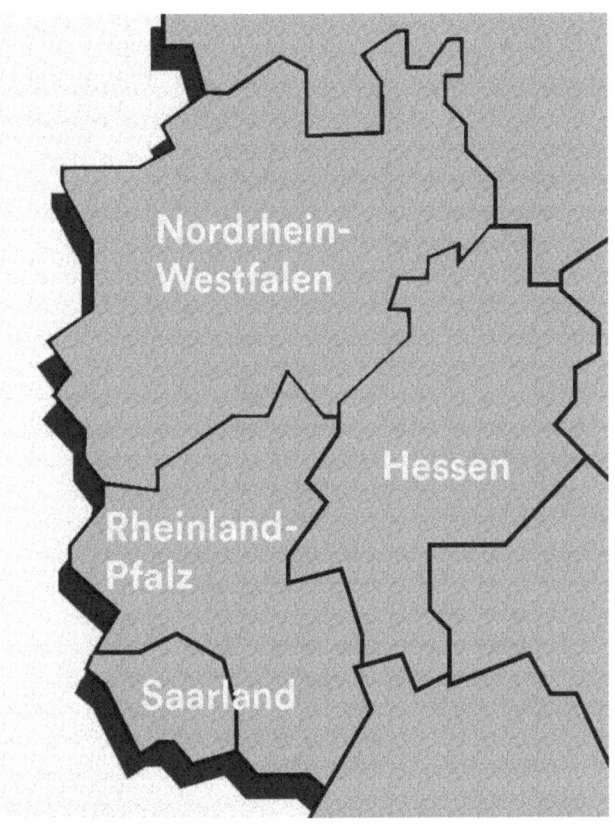

Die ehemaligen Rheinlande heute die Bindestrich- Länder
Nordrhein- Westfalen inkl. Ruhrgebiet mit 17,8 Millionen
Einwohnern, Landeshauptstadt Düsseldorf und Rhein-
land-Pfalz mit 4 Millionen Einwohnern, Landeshaupt-
stadt Mainz.

Bereits im Jahr 1919 rief Adam Dorten die «Rheinische Republik» aus. Sie sollte auch Gebiete Hessens und der Pfalz einschließen. Der ehemalige Düsseldorfer Staatsanwalt, Hauptmann der Reserve und Rennstallbesitzer ließ in der Nacht zum 1. Juni 1919 in Wiesbaden und anderen Städten einen Aufruf an das rheinische Volk plakatieren. Die französische Besatzung unter General Charles Mangin forderte den Wiesbadener Ministerpräsidenten des Landes Karl Wilhelm Meister auf, sich den Anordnungen Dortens zu fügen. Der wehrte sich vergebens und zog sich daraufhin nach Bad Homburg vor der Höhe zurück. Reichstreue Politiker verhandelten mit den Separatisten tagelang. Frankreichs Super-Administrateur Pineau unterstützte die Dorten-Gruppe. Aus der Distanz von fast 150 Jahren betrachtet, konnten Franzosen revolutionäres Denken nie leugnen. Ob 's heute anders ist?

Am 2. Juni protestierten Arbeiter gegen separatistische Bewegungen generell. Ihr Generalstreik legte auch die Verwaltung lahm. Als Mitglieder der Dorten-Bewegung sich Zutritt zum Regierungsgebäude in Wiesbaden verschaffen wollten, wehrte sich der stellvertretende Ministerpräsident. Französische Soldaten halfen und Dorten inklusiver seiner Entourage konnte die Büros in Beschlag nehmen. Als reichsdeutsche Beamte über eine Leiter an der Rückseite ins Gebäude wollten, kam es zu Schlägereien. Bis Oberst Pineau das Gebäude in Wiesbaden für neutral erklärte. Es sei Standort der französischen Verwaltung. Deutsche Polizei musste die Anhänger Dortens vertreiben.

Auch die Presse lieferte sich während des ganzen Manövers einen Schlagabtausch. Reichstreu die «Wiesbadener Zeitung» kontra die separatistische «Kölnische Volkszeitung». Putschversuche fanden auch in Mainz, Speyer und anderen Städten statt. Scheiterten aber an dilettantischer Organisation und am Widerstand der Bevölkerung. Gegen Porten erließ das Reichsgericht in Leipzig einen Haftbefehl. Wegen Hoch- und Landesverrat. Dorten ungeschoren in Freiheit, weil er sich auf französischem Gebiet aufhielt.

Er blieb ein umtriebiger Aufrührer. Gründete am 2. Januar 1922 in Boppard am Rhein die «Rheinische Volksvereinigung». Oder war er weder Hallodri noch Revolutionär, sondern wie in allen Provinzen Europas einer, dem es um Selbstbestimmung ging? Wir wissen es nicht. Bisher hat es auch die Geschichts-Wissenschaft nichts verlautet. Vorsitzender der neuen Partei wurde der Oberpfarrer Bertram Kastert. Trotz christlichen Beistands führte die Vereinigung ein Schattendasein. Politiker und

Parteien scheuten den Kontakt zu Dorten. Bis andere Ereignisse wichtiger wurden.

Die Wirtschaftslage ist ohnehin schlecht. Probleme mit den Besatzern führten zu Auseinandersetzungen mit den Franzosen. Hohe Beamte verloren ihre Ämter. Zollkontrollen an der Grenze zu Frankreich verschlechterten die ohne schlechte wirtschaftliche Situation. Dann passierte ein Mord. Am 24. Juni 1922 wurde der liberale Außenminister Deutschlands Walther Rathenau erschossen. Spontan kam es zu Demonstrationen von Arbeitern und zu Straßenschlachten. Wiesbadens Regierungspräsident abgesetzt. Erste Märsche nazistischer Braunhemden dominierten die Straßen. Gewannen die Sympathie großer Bevölkerungskreise. Adolf Hitler, bejubelter Retter, brachte die freie Welt gegen sich auf. Weil er Deutschland separierte von allen anderen demokratischen Ländern.

Schleswig-Holstein

Auch diese Region Deutschlands gab immer mal wieder den Anlass zu streiten: «Schleswig-Holstein», im Norden an der Grenze zu Dänemark gelegen.

*Schleswig-Holstein, zwei ehemalige Herzogtümer des Heili-
gen Römischen Reiches Deutscher Nation. Zeitweilig von
der Dänischen Krone beansprucht. Heute kleinstes deut-
sches Bundesland mit 2,8 Millionen Einwohnern. Landeshauptstadt Kiel.*

1864 beanspruchte das «Dänische Königreich» die Provinz Schleswig-Holstein. Die Bevölkerung bewaffnete und wehrte sich gegen diesen Anspruch. Unterstützt von preußischen Truppen. Die Schlacht bei den «Düppeler Schanzen» entschied über die Zugehörigkeit zum Deutschen Bund. 1866 bestätigt. Sie kostete auf dänischer 1700 und auf deutscher Seite 1200 Soldaten das Leben.

Die «Düppeler Schanzen» waren ein Befestigungswerk der Dänen im Süden Jütlands. Nach unbestätigter Legende soll der Pionier Carl Clinke, einen Sack mit 30 Pfund Pulver auf der Schulter, auf die Anlage zugestürmt sein. Sich selbst mit der Ladung in die Luft gesprengt haben. Mit dem Ausruf: *„Ik bin Clinke. Ik öffne die Tür."* Schleswig-Holstein feiert ihn als Freiheitskämpfer. Wie Südtirol ihren Andreas Hofer. Freiheit ist nicht umsonst zu haben.

Bayern

Dieses zweitgrößte deutsche Bundesland immer schon bestrebt, eine besondere Rolle zu spielen. 12,5 Millionen Einwohner bekennen: „Mia san mia!" Franken gehört zum Freistatt Bayern. Werden scheel angesehen, ihr Theo Weigel geduldet, weil er als Bayer Deutschland finanziell stark gemacht. Marcus Söder es noch größer, noch stärker machen könnte. Wenn er dürfte.

Jeder kennt ihre Marotten, das Oktoberfest, einmaliges Ereignis, in dem Millionen aus aller Welt um Plätze rangeln, auf der «Wies'n» und in Hotels. Auf das «O' zapft ist» warten, um Hektoliter bayrisches Bier zu saufen und Weißwürstl aus ihrer Haut zu zuzeln. Jeder kennt die Oberammergauer Passions-Festspiele, in denen Personen der Bibel von Einheimischen geschauspielert werden. Millionen Zuschauer dort und an den Fernsehschirmen. Ferienorte wie Garmisch-Partenkirchen, Reit im Winkel und Rotenburg, nur drei von unzähligen im weiten Land. Die Alpen glühen von ferne.
Seen laden zum Baden und Segeln ein. Bayernland ein Wunderland?

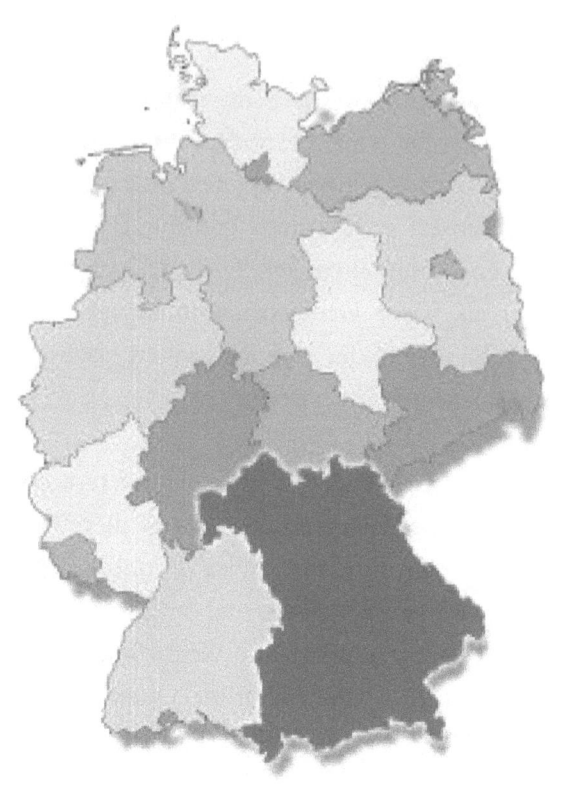

Bayern, das flächenmäßig größte deutsche Bundesland mit 12,44 Millionen Einwohner. Landeshauptstadt München.

Auch wenn 's keine Alice hat, knorrige Mannsbilder allemal. Mit Edelweiß am Filzhut, Lederhos'n und bestickten Wadenwickeln. Und Weiberleut in Tracht mit zehn und mehr vollen Bierkrügen im Arm. Locken Gäste aus nah und fern. Die viel Geld in die Kassen Bayerns spülen. Von dem man ärmeren Bundesländern abgeben muss. Gott sei 's geklagt. Sie würden sich separieren, erlaubte es die Bundes-Verfassung. Ihren Kini, König auf Hochdeutsch, wählten sie im Handumdrehn. Franz Josef Strauß hätte es werden können, wäre er im Pupurmantel statt Trachtensakko aufs Rednerpult gestiegen. Stattdessen verehren sie die, die lange tot sind. Aber lebendig in tausenderlei Devotionalien. Die auch wieder Geld einbringen.

Es scheint sich doch wie überall nur ums Geld zu drehen. Schön versilbert, mit dem Portrait ihres Ludwigs II.

Ja, wenn sie könnten, hätten sie wieder Silber im Portemonnai. *„Verteufi, des Französische, Beutel sogn mia".* Kurse in Bayrisch geben Jean Pierre Bierbichler und Angelique Wildmoser. Sind schon ein komisches Volk, die Bayern. Geben sich französische Vornamen. Leben im Freistaat. Und sind abhängig von Berlin und 14 Bundesländern. Sind wir großzügig. Lassen sie sich gebärden wie sie wollen. Wenn es ihren Stolz befriedigt. Zum Glück haben

Bayern in Brüssel und im Europäischen Parlament ein Wörtchen mitzureden. Vordrängen erlaubt und gewünscht. Dank richtiger Politik wurde aus dem Agrarland eines mit zukunftsweisender Automobil und Hightech-Industrie.

Auch wenn es mit den beiden vorgenannten nicht direkt vergleichbar ist, soll hier noch von der DDR berichtet werden. Weil es auch hier um Selbstbestimmung geht.

Ostdeutschland

Die Besetzung Ostdeutschlands nach dem zweiten Weltkrieg durch Russland trennte das ehemalige deutsche Reich in zwei Teile. In die demokratische Bundesrepublik Deutschland BRD und die kommunistische Deutsche Demokratische Republik DDR. Das geteilte Berlin inmitten der DDR Hauptstadt der DDR. Brückenkopf der BRD. Verkehr zwischen beiden anfangs möglich, wenn auch streng kontrolliert.

Die Menschen in Ostdeutschland waren froh, den Krieg hinter sich zu haben. Sie hatten Arbeit und kämpfen für das Wohl aller. So wie ihre Regierung es ihnen vorbetete. Sahen im reaktionären Westen ihren Feind. In der fortschrittlichen Sowjetunion ihren besten Freund. Niemand durfte zugeben anders zu denken. Bautzen drohte. Im Laufe der Jahre grummelte es jedoch unter der Decke. Enttäuscht von staatlichen Zwängen, Sehnsucht nach Freiheit und Wohlstand, wie sie der Westen bereits hatte.

Der erste Aufstand mutiger Bürger gegen die Parteidiktatur am 14. Juni 1953. Ihm folgte eine Welle von Protesten, Streiks und Demonstrationen mit politischen und wirtschaftlichen Forderungen. Russische Panzer schlugen sie blutig nieder. Parteichef Ulbricht ließ eine Mauer mit Grenztürmen und Radar errichten, jeglicher Grenzverkehr gestoppt. Noch wollten die Bürger keine Wiedervereinigung. Nur mehr Bewegungsfreiheit im Alltag. Ihr Leben selbst bestimmen wie die Landsleute im Westen, von durchgesickerten Nachrichten ermutigt.
Die KPD-Regierung diktierte alles wie die Nazis kurz zuvor. Der deutsche Staat hatte kommunistisch zu sein. Moskauhörig ihre Regierung. Die Mauer entlang der beiden Staaten schützt unsere Heimat vor dem Feind im Westen. An der Mauer Soldaten der Volksarmee stationiert. Beauftragt auf jeden zu schießen, der versuchte zu fliehen. Tunnel wurden gebaut, durch die wenige entkamen. Andere erwischt und streng bestraft.

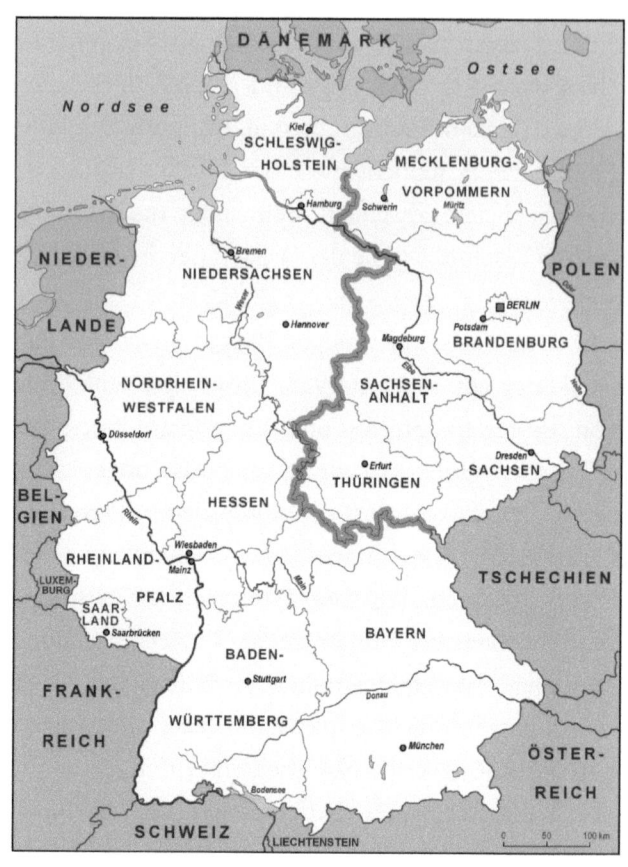

16,7 Millionen Einwohner der DDR von 62,8 Millionen Einwohnern der BRD getrennt im geteilten Deutschland nach 1945. Die kräftige Linie markiert die Mauer entlang der Grenze. Schwer bewaffnet auf östlicher Seite. Auf der westlichen Rote-Kreuz-Stationen und Auffanglager für Flüchtlinge. Das geteilte Berlin eine Enklave in der DDR, deren Ostteil die Hauptstadt Ostdeutschlands.

Bis der russische Präsident Michail Gorbatschow offiziell auf die Vormachtstellung der Sowjetunion in Ost- und Mitteleuropa verzichtete. In Polen, Ungarn und der Tschechoslowakei erste Reformbewegungen die jeweiligen Regierungen schwächten. So auch in der DDR. Sogenannt friedliche Demonstrationen begannen Partei und Regierung zu verunsichern. Bürgerinitiativen entstanden, die ersten flüchteten über die ungarische Grenze. Immer mehr wollten ausreisen, die DDR verlassen. In die Enge getrieben verzichtete die DDR-Regierung auf die Anwendung von Gewalt. Öffnete am 9. November 1989 die Berliner Mauer. Das politische System der DDR zusammengebrochen. Kanzler Helmut Kohl konnte am 3. Oktober 1990 die Wiedervereinigung verkünden. Nachdem beide Kammern in West und Ost dafür gestimmt hatten.

Noch braucht es Zeit, bis der westliche Standard erreicht ist. Trotz finanzieller Unterstützung. Man kann nur hoffen, dass es nicht zu lange dauert. Die Regierungen in Berlin von Wahl zu Wahl die richtigen Maßnahmen ergreifen.

Elsass

Eine Region, die nie kämpfte, um unabhängig zu sein. Seine Lage ist trotzdem prekär. Die Nachbarn kämpften gegeneinander, um sie sich einzuverleiben. Das Elsass sozusagen zwischen zwei mächtigen Staaten, Frankreich und Deutschland, eingeklemmt. Mit einer langen, wechselvollen Geschichte. Wie alle Regionen Europas, die irgendwann einmal Unabhängigkeit verlangten. Bis in die jüngste Zeit, wie zu lesen war.

Im 7. und 8. Jahrhundert ein selbstständiges Herzogtum. Von 1200 bis 1700 eine Grafschaft innerhalb des «Heiligen Römischen Reiches Deutscher Nation». So nennt sich der Staatenbund nach Karl dem Großen. Die Kirche in Rom und deutsche Kaiser die bestimmenden Regenten.

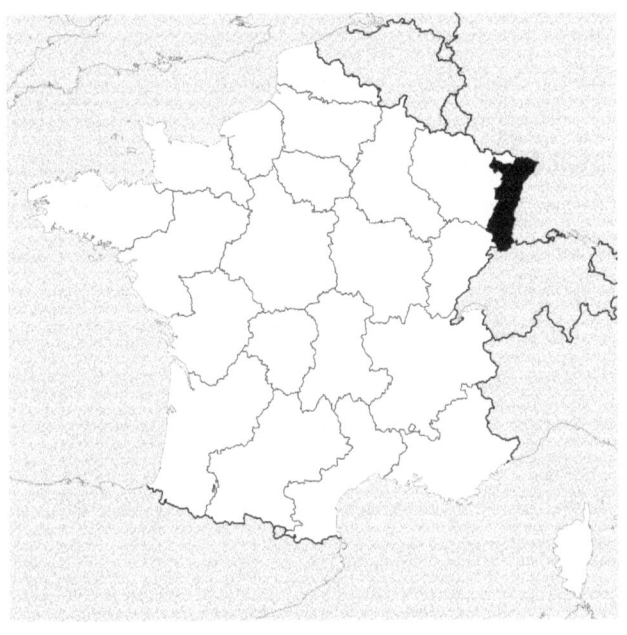

Das Elsass, die östlichste Region Frankreichs mit ca. 2 Millionen Einwohnern. Hauptstadt Strasbourg.

Ab dem 17. Jahrhundert erstmals eine französische Provinz. Die Französische Revolution 1789 und der Friede von Versailles 1871 hatten Folgen. Das Elsass gehörte abwechselnd einem ihrer Nachbarn. Während der ersten Jahrzehnte bis zum Deutsch-Französischen Krieg 1870/71 gehörte es zu Frankreich.

Nach Bismarcks Sieg über Frankreich das eroberte Elsass annektiert. Umbenannt in «Reichsland Elsass-Lothringen». Wie es großspurig hieß. Ausschließlich hatten militärische Aspekte Bedeutung. Weder Staatsangehörigkeit noch Sprache. Man bot Elsässern, die Französisch sprachen an, ihre Zugehörigkeit zu wechseln und Deutsch zu lernen, um als deutscher Staatsbürger zu gelten. Das Vaterland zu verteidigen. Ohne Erfolg. Französische Elsässer sprachen von Germanisierungszwang. Die Doppelregion wurde von Berlin aus verwaltet wie eine Kolonie. Bis nach dem ersten Weltkrieg 1918, als sie wieder zu Frankreich gehörte.

Im zweiten Weltkrieg 1940 von der deutschen Armee besetzt. Bald eine Zivilverwaltung installiert. Robert Wagner führte einen gewaltsamen Germanisierungsprozess durch. 45000 Menschen, die nicht konform waren, aus dem Elsass verwiesen, ins KZ deportiert. Etwa 130.000 als Volksdeutsche eingestuft. Sie mussten Soldat in der Wehrmacht oder der «Waffen SS» werden. Eingesetzt an der Ostfront gegen Russland. 42.500 kamen ums Leben. Im Elsass nannte man sie «Malgré nous». Gegen den eigenen Willen. Solange, bis die Alliierten und die inzwischen neu formierte 1er Armée de Gaulles das Elsass zurück eroberten. Nach einigem Hin und her dann wieder eine Französische Region.

Verständlicherweise bemüht alles Deutsche zu vermeiden. Keine leichte Aufgabe. Denn von 1,874 Millionen Einwohnern sprechen 1,634 Millionen Deutsch. Oder Alemannischen Dialekt. Man marginalisierte Deutsch an der Öffentlichkeit. Zwang die Bevölkerung also indirekt, Französisch zu sprechen. Deutsch und Alemannisch waren an der Öffentlichkeit verpönt. Französisch die Amtssprache und vorgeschrieben im Unterricht. Erst in den 1970er Jahren ließ man das alte Volksgut der Alemannischen Sprache wieder zu. Neben Französisch das Elsässisch-Deutsche. Zur gleichen Zeit, als man auf beiden Seiten des Rheins protestierte. Gegen die geplanten Kernkraftwerke im Badischen Wyl und im Elsässischen Fessenheim. Zweisprachig gewissermaßen. Ob es Proteste hie und da waren oder die Einsicht, Toleranz macht loyale Staatsbürger, nicht Zwang. Keiner weiß es so genau.

Wahrscheinlicher die Tatsache, dass immer weniger Elsässer Deutsch sprachen, 2012 nur noch 43 %. Strukturwandel und Einwanderung aus anderen Teilen Frankreichs, Italien, Portugal, Türkei spielten dabei keine geringe Rolle. 1946 sprachen noch 91 % Deutsch. In den Städten weniger, auf dem Lande mehr. Heute muss sich ein Tourist der französischen Sprache bemächtigen. Oder merçiedanke stottern. Madame oder Monsieur dranhängen, will er ernst genommen werden.

«Region Alsace» 1973 – 2015 die kleinste Region Frankreichs mit weitgehend eigenständiger Verwaltung. 8280 km² Fläche und 1,874 Millionen Einwohner. Hauptstadt Strasbourg. Das blieb so bis zur Fusion aus Kostengründen. Kleinere Regionen zusammengelegt. Das neue Gebilde hieß «Region Grande Est». Umfasst Elsass, Lothringen und Champagne-Ardennen. Regierungssitz Strasbourg. Eine Aufwertung erfuhr das Elsass durch den 1949 gegründeten Europarat mit Sitz in Strasbourg. Ab 1979 Tagungsort des Europäischen Parlaments.

Elsässer aber blieben was sie waren: Elsässer. Franzosen, Alemannen. Denen es gelang, alles Divergierende auf einen Nenner zu bringen. Mit dem sie Erfolg haben. Im Elsass und im Rest der Welt, der sie besucht: Sobald man bei Kehl über die Grenze kommt, spürt man «Savoire vivre Française». Schmeckt man typisch Elsässisches: Edelzwicker. Münsterkäse. Sauerkraut. Gänse-Stopfleber mit Trüffeln. Gugelhupf. Elsässer Spezialitäten, die jedem schmecken, welche Sprache er auch spricht. Aus Colmar, Gelsenkirchen oder Detroit kommt. Sich im Kreise dreht beim Tanz oder hüpft wie ein australisches Känguru. Pardon, geliebte entfernte Verwandte!

Gourmets wallfahren seit einem halben Jahrhundert nach «Illhaeusern», um bei den Gebrüdern Jean Pierre und Paul Haeberlin drei Michelin-Sterne zu genießen. Mit einem Cafée noir draußen an der munter dahinfließenden Ill das Festmahl ausklingen zu lassen. Und es anderen erzählen.

Färör

Ein Musterbeispiel für gelungene Separation. Den Bürgern überlassen, sich selbst zu regieren. Färör-Inseln auch Schafsinseln genannt. Eine Inselgruppe mit 1,4 Millionen Einwohnern.

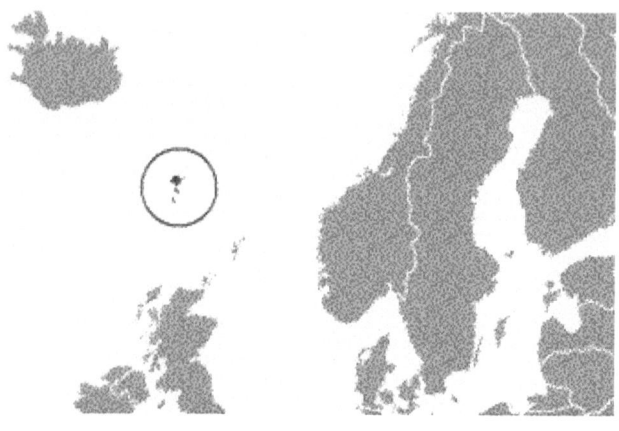

Färör-Inseln zwischen den Britischen Inseln, Norwegen und Island seit 1948 autonom. ca. 50.000 Einwohner, Hauptstadt Tórshavn.

Gelegen im Nordatlantik zwischen den britischen Inseln, Norwegen und Island. Mit Ausnahme der kleinsten Insel Lítla Dímun alle permanent bewohnt. Offiziell gehören sie zur Dänischen Krone.

Betrachten sich aber nicht als Dänen, sondern als ein eigenständiges Volk, stolz von den Wikingern abzustammen. Sprechen Färörisch, eine Sprache, die aus dem Altnorwegischen entstanden, ähnlich wie Isländisch klingt.

Nach dem «Vertrag von Fàmijn» 2005 bilden Färör und Grönland je eine gleichberechtigte, eigenständige Nation innerhalb des Königreiches Dänemark. Aber schon seit 1948 praktisch autonom. Um 900 entdeckt, besiedelt. Løgting gegründet, eines der ältesten Parlamente der Welt. Regelmäßig sind zwei Abgeordnete im Dänischen «Folking» und im «Nordischen Rat». Einem Forum der nordischen Länder, das ihre Interessen international vertritt. Die Färör-Inseln gehören nicht zur EU und deren Zollgebiet. Verträge und Arbeitsweise der Europäischen Union ohne Einfluss auf ihre Entscheidungen. Jedoch sind sie Mitglied der «Paneuropa-Mittelmeer-Zone». Genießen weitgehend die gleichen Rechte wie EU-Bürger innerhalb des Wirtschaftsraumes der EU. Mit Island verbindet sie eine Wirtschaftsunion. Seit 2006 prosperieren die Inseln. Fischindustrie und Tourismus füllen die Staatskasse. Die Färör-Inseln sind eine Kulturnation. Eigenständig und auch künstlerisch sehr produktiv. Bildende Kunst, Literatur, Musik, alles in unverwechselbar eigener Sprache. Wörtlich genommen und im übertragenen Sinne. Färörer pflegen ihr Wikinger-Erbe. Bei allem technischen Fortschritt bemüht, die ursprüngliche Natur auf ihren Inseln zu erhalten. Die Hauptinsel zieht alle Bewohner der anderen Inseln an. Ein Boot hat jeder. In Tørshavn besuchen sie das große Theater, das immer ausverkauft ist. Klassische und traditionelle Stücke in die Moderne transferiert. Das Museum zeigt alte und neue Kunst. Volksfeste lebendig mit dem berühmten Kettentanz. Nicht nur auf Bühnen, auch auf Straßen und Plätzen.

Zu Volksmusik wird Reigen getanzt. In Europa ausgestorbene Tanzformation. Es bilden sich mehrere Kreise, zwei, drei ineinander. Dabei werden Balladen gesungen oder Heldensagen erzählt. In die letzten Verse stimmen Tänzer und Zuschauer ein. Klatschen mit den Händen, stampfen mit den Füßen, jubeln laut und schreien. Alle miteinander verbunden singen und tanzen. Deshalb Kettentanz.

Nicht dass jemand glaubt, Färörer seien altmodisch und rückwärts gewandt. Sie spielen ebenso leidenschaftlich Fußball wie die Mannschaft des FC Bayern. Und Schach wie der aktuelle norwegische Weltmeister Magnus Carlson. Gewinnen nicht immer. Sie nehmen es hin wie das Wetter. „Et kütt wie et kütt", sagen Kölner, die rheinische Variante von Unabhängigkeit.

Korsika

«Corsica libera», Wahlspruch der viertgrößten Insel im Mittelmeer. Sie gehört zum «Lavezzi-Naturpark». Landschaft und Tierwelt so facettenreich wie keine andere Region dieser Erde. 146 Pflanzenarten und Vögel, die man sonst nirgends kennt. Frühmorgens hört man das sirenenhafte Geschrei der Gelbschnabel-Sturmtaucher. Bevor sie zum Fischfang nach Marseille aufbrechen. Die gelbgrüne Zornnatter ist bei Biologen ein Relikt aus der Frühphase der Evolution. Eine imposante Gebirgslandschaft mit vielen Buchten und 1000 km Küste. Smaragdgrünes, klares Wasser locken Urlauber an. Die Ferienhäuser bauen. In Ajaccio, der Hauptstadt, Straßen und Geschäfte überschwemmen. 0,3 Millionen Korsen müssen sich behaupten. Mussten sich immer schon behaupten. Nach der Revolution 1789 als eigenständige Provinz gegründet. Seit dem 1. Januar 1876 «Département Corse du Sud» und «Département Corse Haut» Teil der Republik Française.

Früh schon besiedelt von Karthager, Griechen und Römern in den Punischen Kriegen. Im 14. Jahrhundert gehörte Korsika zur Republik Genua. 1736 erschütterten Aufstände die Insel. Ihre Anführer machten einen Abenteurer, den Deutschen Baron Theodor von Neuhaus zum König: «Theodore I. von Korsika». Blieb der einzige König der Insel ein knappes Jahr. 1755 wurde die Unabhängigkeit ausgerufen. Pasquale Paoli, Revolutionär und Widerstandskämpfer, etablierte eine demokratische Verfassung, eine relativ fortschrittliche Verwaltung. «Babbu di Patria», Vater des Vaterlandes genannt. Seine Verfassung die erste während der Zeit der Aufklärung. Nach Polen und Frankreich. Genua verkaufte Korsika an Frankreich.

Alles ein Geschäft, damals wie heute. Schon die Bibel berichtet vom Verkauf des Erstgeburtsrechts für einen Teller Linsen. Esau der Gewinner, Jakob verlor, auf das er ein Recht hatte. Korsika verlor mit dem Anschluss an Frankreich seine relative Unabhängigkeit. Das Thema beschäftigte in dieser Epoche Intellektuelle. In der Jean Jaques Rousseau dazu aufrief und die Gründungsväter der Vereinigten Staaten von Amerika die Verfassung formulierten und in Gesetzen verankerten.

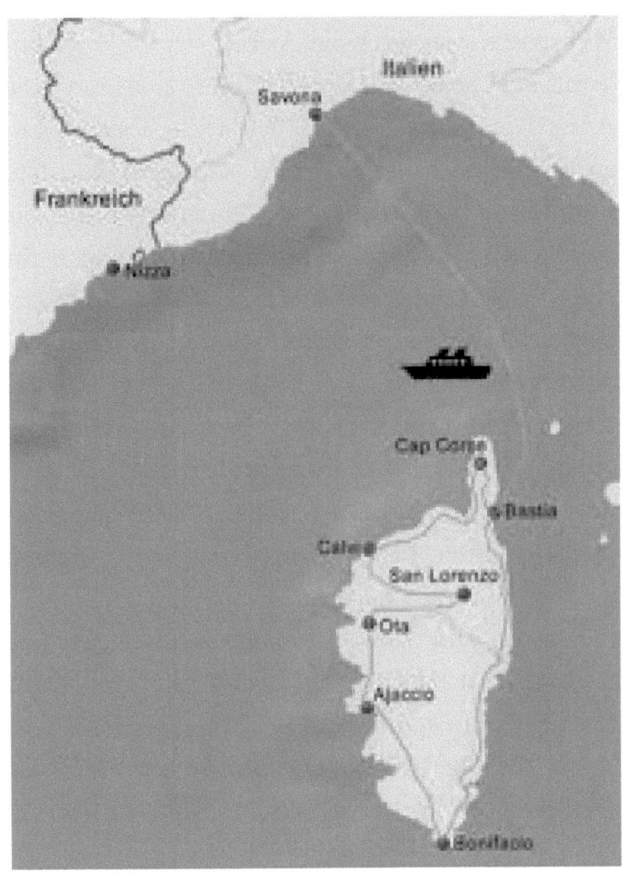

Korsika die viertgrößte Insel im Mittelmeer mit heute 0,3 Millionen Einwohnern. Schon 1755 unabhängig mit moderner Verfassung. Seit 1769 Departement der Republik Frankreich. Hauptstadt Ajaccio.

Währenddessen wuchs in Ajaccio der junge Napoleon auf. Seine Eltern gehörten zum niederen Adel. Die Französischen Behörden boten ihnen an, den französischen Titel anzunehmen. Um nachweisen zu können, dass sie Franzosen sind. Sie siedelten nach Frankreich über. Startschuss für Napoleon Buonapartes zuerst siegreiche Laufbahn. Um im Desaster von Waterloo zu enden. Auf der Atlantikinsel Sankt Helena seine Memoiren zu schreiben und mit täglichen Minigaben Arsen vergiftet zu werden. Was man aus dem Tagebuch seines Kammerdieners schließen könnte. England stecke dahinter. L' Empereur könnte zum zweiten Mal wiederkommen.

Franzosen sind nach wie vor stolz auf diesen Unsterblichen. Erklärten 1840 die Kirche für Kriegs-Invaliden zum «Dome des Invalides». Gedenkstätte einzig für Napoleon I.. Der im Marmorsarg das Defilee seiner Anhänger abnimmt bis zum Jüngsten Tag. Korsika aber fiel in Vergessenheit.

Bis es nach 1945 während der Präsidentschaft De Gaulles wieder eine Rolle spielte. Er war, wie wir wissen, ein Verfechter des Kleinen im Großen. Die Unabhängigkeitskriege in Algerien aber verunsicherten die Korsen. Sie wanderten aus, die meisten ins Mutterland Frankreich. Zunehmende Besorgnis um ihre Identität ließ eine nationalistische Bewegung entstehen. Sie forderte von Paris die Erhaltung ihrer Kultur, eine Wiederbelebung ihrer Sprache, des Korsischen. 1981 wurde die Universität aus dem 17. Jahrhundert wieder eröffnet. Korsen konnten einige Fortschritte erzielen. Regionalparlamente gründen z. B. Ihre Forderung nach Zweisprachigkeit und mehr Unabhängigkeit lehnte Paris ab. Frankreich zersplittert in Interessengruppen.

«Frontu di Liberazione Nazionalista Corsica» / «FLNC» 1976 im geschichtsträchtigen Kloster Saint Antoine de la Casabianca gegründet. Mit Bombenanschlägen versuchte sie Paris zum Einlenken zu bewegen. Mafiose Verhältnisse entstanden. Clans gegen Clans. Und das bei zunehmendem Tourismus. Die klaren Buchten, die unberührte Natur lockten Menschen aus allen Ländern Europas. Auch viele Deutsche bauten sich hier ein Ferienhaus. Die Extremisten sahen darin eine Gefahr. Protestierten vehement. 1998 ermordeten sie den damaligen Präsidenten Frankreichs Lionel Jospin. Er wollte den Rebellen entgegenkommen, Korsika größere Autonomie einräumen. Dafür müssten sie die Gewaltakte unterlassen. Die gaullistische Opposition hielt dagegen. Ihre Begründung: Bretagne, Baskenland und das Elsass könnten ebenfalls mehr Autonomie fordern. Mehr als sie schon haben.

Den Schutz Korsischer Identität hätten die Gaul-
listen zugesichert, Aber eine eigene Sprache nie-
mals.

Das Haar in der Suppe: Die Unabhängigkeitsbe-
wegung hatte zu keinem Zeitpunkt die Mehrheit
der Bevölkerung hinter sich. Erst in den 2000er
Jahren haben bewaffnete Gruppen wieder verstärkt
Zulauf. Gründe gab es genug: Finanzkrise, korrup-
te Politiker. Bei den Regionalwahlen 2015 gewinnt
das Bündnis für Unabhängigkeit.
Die Wähler entschieden sich für das gemäßigt radikale «Assemblée de Corse». Bei den Parlamentswahlen gewannen die Nationalisten drei von vier
Mandaten. Man wird sehen.

Nordirland

Es ist eine endlose Geschichte. Nicht von Michael Ende erfunden, sondern grausame Wirklichkeit. Die Teilung Irlands ist sein Schicksal. Von der britischen Regierung im «Goverment of Irland Act» von 1921 beschlossen. Ein Landesteil, in dem überwiegend Mitglieder der Calvinistisch geprägten Presbyterianischen Kirche leben. Wie in Großbritannien und Schottland. Im Gegensatz zur Republik Irland, in der mit 84,2 % Katholiken die Mehrheit haben. Man wird den Eindruck nicht los, dass religiöse Gründe der Anlass für Trennung und Einverleibung waren, neben dem Streben nach Größe. Die ganze Inselgruppe zwischen Nordsee und Atlantik unter der Krone Englands zu bekommen. Großbritanniens jüngst proklamierter Austritt aus der EU, Irlands Verbleib ein zusätzliches Problem.

Wirtschaftlicher Niedergang und hohe Arbeitslosenzahlen führten Mitte der 1960er zu neuen Anschlägen. Schuldige finden sich immer, wenn es irgendwem in den Kram passt. Auf beiden Seiten. In vielen Städten und Gemeinden wurden Barrikaden errichtet. Zu trennen, was eigentlich zusammengehört. Geschossen, verwüstet, getötet. Der Streit eskalierte am 12. August 1969. Im nordirischen Derry stürmten Protestanten den katholischen Stadtteil Bogside. Provozierten sie, indem sie den 280. Jahrestag der Befreiung Derrys von den Katholiken feierten. Katholiken verbarrikadierten sich, lieferten sich mit den Protestanten Straßenschlachten. Britische Panzerwagen griffen ein.

In den Auseinandersetzungen der letzten Jahrzehnte zwischen beiden Teilstaaten spielt die Partei «Sim Féin» eine wesentliche Rolle. Die Partei der Katholiken präferierte 2005 die Vereinigung beider Irlands. Aber ihre Verbindungen zur «Irish Republican Army» IRA» irritierten die Öffentlichkeit. Schon bei ihrer Gründung 1916 trat die IRA gewaltbereit auf. Forderte unter ihrem Präsidenten Eames de Valera nationale Selbstbestimmung der Iren. Erster durchschlagender Erfolg bei den Unterhauswahlen 1918. Das erste irische Parlament konstituierte sich bereits 1919. Anlass für Nordirland, dagegen zu protestieren. Einen Krieg zu führen für seine Unabhängigkeit. Der zur Teilung des Landes führte. 1921 gesetzlich vom Parlament in London sanktioniert.

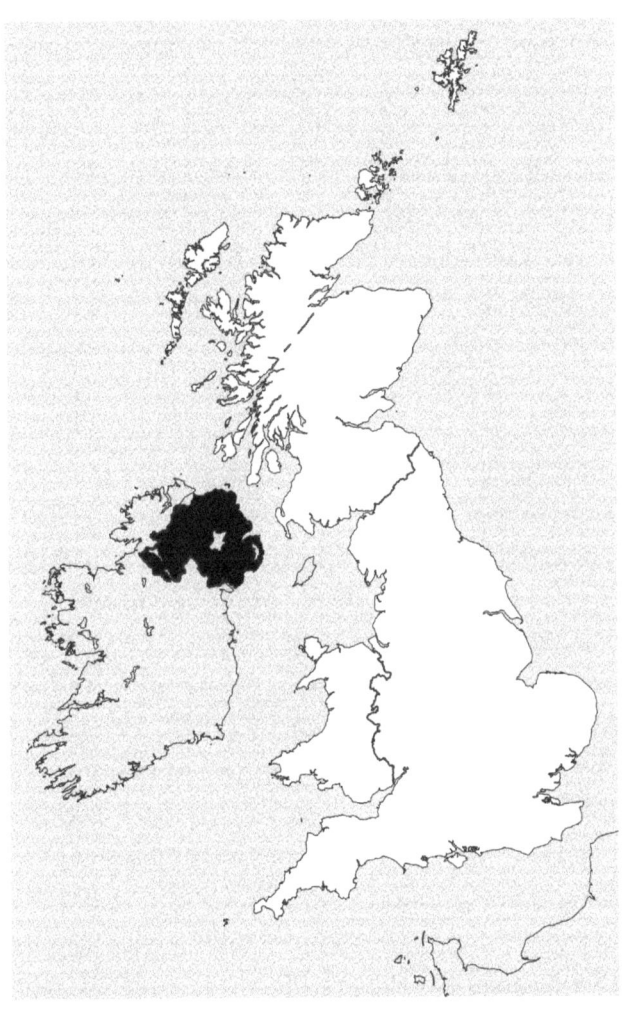

Nordirland, von der irischen Republik abgetrennter Teil,
der zu Großbritannien gehört. 1,8 Millionen Einwohner.
Hauptstadt Dublin.

Sim Féin spaltete sich, weil im Vertrag der Treue-
schwur zum Britischen König gefordert war. Es
bildete sich eine neue Partei. Erst «Cormann na
nGaedheal» genannt, später «Sim Gaeh». Ihre republikanische Mehrheit wollte diese Bedingung
nicht akzeptieren. Der Irische Bürgerkrieg begann.
Das ständige Hin und Her in der Parteipolitik ent-
täuschte die Menschen. Die «IRA» mit ihrer radika-
len Forderung nach Unabhängigkeit Nordirlands
gewann immer mehr Sympathie in der Bevölkerung. In der Folgezeit nach dem Hungerstreik von
IRA-Mitgliedern 1980/81 Wahlerfolg nach Wahlerfolg. Der Tod ihres Unterhauskandidaten Bobby
Sands verschaffte der Partei große Popularität.
Die Anfänge des Konfliktes können auf das Jahr
1966 zurückgeführt werden. Als die «UVF» Ulster
Voluntier Force gegründet wurde. Freiwilligen
Armee der nordirischen Provinz Ulster. Eine radikale paramilitärische Organisation von Protestanten. Sie hatten den Plan, die «IRA» herauszufor-
dern. Anfangs mit Einschüchterungs-Kampagnen.
Sprühten auf das Haus eines katholischen Spiritu-
osengeschäftes: „Papist" und sektiererische Grafit-
ti: „Dieses Haus wird von einem «Taig» bewohnt."
Schmähwort für Katholiken. Bei einem Brandan-
schlag starb eine 77-jährige protestantische Witwe.
Ein darauf folgendes veröffentlichtes Schreiben

der «UVF» beweist, wie falsche verstandene Religion zu Kriegen führt. Die grausamer waren und wieder sind als Kriege aus rein politischen Gründen.

„Von diesem Tag an erklären wir der IRA und ihren Splittergruppen den Krieg. Bekannte IRA-Männer werden von uns gnadenlos und ohne Zögern exekutiert. Wir dulden keine Einmischung, von welcher Seite sie auch kommen. Warnen die Behörden vor weiteren beschwichtigenden Reden. Wir sind schwer bewaffnete Protestanten und unserer Sache voll ergeben."

Zahlreichen Exekutionen folgten Anschläge auf öffentliche Gebäude. Ein Polizist der «Royal Ulster Constabulary» erschossen. Alle Gewaltmaßnahmen sollten den Anschein erwecken, als hätte die «IRA» sie unternommen. Um moderate Unionisten gegen die geplanten Reformen der Regierung aufzubringen. Terence O' Neill trat daraufhin als Vorsitzender der «Ulster Union Party» und als Premierminister zurück. Ende 1969 begannen katholische aber auch protestantische Bürger gegen solche Ungerechtigkeiten zu protestieren. Angeregt durch TV-Berichte über die friedliche Bürgerrechtsbewegung Martin Luther Kings in den USA. Und den Studentenprotesten 1967/68. Gründeten die

«Northern Ireland Civil Rights Assosiacion», Gesellschaft für zivile Rechte. Darauf folgende Protestmärsche der Katholiken von Polizei im Auftrag der Behörden gewaltsam niedergeschlagen. Viele Unionisten sahen in der Bürgerrechtsbewegung eine Art Trojanisches Pferd. Glaubten, Republikaner würden sich die Macht erschleichen.

Polizeistationen wurden überfallen. Unschuldige Kinder getötet. Bewohner aus ihren Häusern vertrieben. Ghettos entstanden. Ganze Straßenzüge der Katholiken niedergebrannt. An zwei Tagen 8 Tote und 750 Verletzte. 1505 katholische Familien vertrieben. Die kriegsähnlichen Unruhen griffen über auf Belfast. Die britische Armee musste kommen. Anfangs von Katholiken begrüßt, dann enttäuscht. Die Regierung in London sei der verlängerte Arm der protestantischen UVF.

London sah sich jetzt verpflichtet, den Streit zu schlichten. 1971 begann die Britische Armee, IRA-Aktivisten zu verhaften und zu internieren. Die vorbeugende Inhaftierung Verdächtiger schürte die Gewalt erneut. Höhepunkt der »Blutsonntag» im nordirischen Derry, in der Britische Fallschirmjäger 13 Menschen töteten. Die IRA gewann zahlreiche neue Mitglieder. Bemühungen der nordirischen Regierung scheiterten. Premierminister wechselten am laufenden Band. Die britische Armee errichtete befestigte Posten in republikanischen Bezirken, die IRA besser in Schach zu halten. Daraufhin ging die Zahl der Opfer langsam zurück.

In den späten 1980er und frühen 90er Jahren eskalierte die Gewalt wieder. Jede Partei versuchte ihre Anführer zu ermorden. Erste Treffen mit Parlamentariern des Unterhauses fanden statt. Das sogenannte «Karfreitagsabkommen» 1998 leitete den Frieden ein. Alle Parteien suchten nach einem Konsens und fanden ihn zur Überraschung der Beteiligten. Erleichtert die Bevölkerung, die das unaufhörliche Streiten und Morden leid war. Londons Forderungen akzeptiert. Im Gegenzug erlaubt London eine Reform der nordirischen Polizei. «Sinn Féin» ist an der Verwaltung Nordirlands beteiligt. Und separate Volksabstimmungen in Nordirland und der Republik Irland. Hoffnung keimte auf.

Am 28. Juli 2005 erklärte die IRA den bewaffneten Kampf für beendet. Am 3. Mai 2007 wollte die UVF endgültig der Gewalt abzuschwören. Als paramilitärische Organisation nicht mehr zu existieren. Ihre Waffen behielten sie. Ende März 2009 wurden wieder britische Soldaten, ein Polizist und Zivilisten Opfer von Gewaltakten. Splittergruppen der IRA und UVF bekämpften sich wieder. Blutige Zusammenstöße in Belfast. Regierungskrise. Gegenseitige Vorwürfe. Festnahmen. Rücktritte. Nach zehnwöchigen Verhandlungen kamen die fünf größten Parteien Nordirlands zu einer Übereinkunft. Von Premierminister David Cameron als Wendepunkt gelobt. Die Zentralregierung in London bot ein Gegengeschäft an: 585 Millionen Pfund Beihilfe gegen Kürzung im Sozialhaushalt. Die schon im ganzen Königreich galt, jedoch ohne Finanzausgleich. Erlaubte den Nordiren eine eigene Unternehmenssteuer von 12,5 % zu erheben. Wie sie die Republik Irland schon hatte. Vereinbarte eine internationale Gruppe zu beauftragen, paramilitärische Gruppen verstärkt zu bekämpfen. Ernannte einen Nordirlandminister, der Nordirland regiert, wenn das Land es aus eigener Kraft nicht schafft.

Nach wie vor streben mehrheitlich Katholiken Nordirlands eine Lösung vom Vereinigten Königreich an. Protestanten wollen bleiben, was sie sind. Eine neue Partei «Alliance-Party-of-Northern-Irland» versucht, diese Diskrepanz auszugleichen. Koexistenz mit politischen Mitteln zu ermöglichen, um allen gerecht zu werden. Die Lage scheint sich zu entspannen.

Mit dem BREXIT Großbritanniens werden alte Probleme wieder akut. Die Grenze zwischen Nordirland und der Republik Irland das Thema. Bleibt es beim endgültigen Brexit, müsste die Grenze kontrolliert werden. Der bisher freie Waren und Personenverkehr würde behindert und illegaler Schmuggel provoziert. Ob die Grenze offen bleibt nach der Vereinbarung vom 6. Dezember 2017 zwischen Jean Claude Juncker und Teresa May, ist unklar.

Das geteilte Irland ein trauriges Kapitel, denkt man an seine ruhmreiche Vergangenheit. Schon im 6. Jahrhundert christianisierten irische Mönche große Teile Galliens, Süddeutschlands und der Schweiz. Schufen also im heidnischen Umfeld Enklaven, in denen die Menschen sich zuhause fühlten. Kann nur eine Religion glücklich machen? Fragt man sich. Heimat sein im engen und gleichzeitig im weitesten Sinn? Eine Illusion in diesen Zeiten, die sich fast ausschließlich irdischen Zielen widmen, materialistisch denken und handeln? Menschen glauben an Glück und Geld, nur nicht mehr an Gott. Es könnte alles so einfach sein, wenn . . . . .

Padanien

Geografisch der Norden Italiens. In den 1990er Jahren von der «Lega Nord», einer separatistischen Partei, aufgegriffen und politisch instrumentiert. Will die Regionen Norditaliens, aber auch Mittelitaliens von Rom abspalten. Der Name «Padanien» Padania auf Italienisch, leitet sich von früheren Bezeichnungen ab: Cispadania und Transpadania nach der Eroberung durch die Römer, später die Truppen Napoleons.

In den 1960/70er Jahren war Padanien ein geografisches Synonym für «Pianura Padana», einer Region, die sich nach dem zweiten Weltkrieg zur am stärksten industrialisierten Region Italiens entwickelte. Im Wesentlichen beschränkt auf die Po-Ebene.

Erst die «Lega Nord» mit ihren Chefideologen Gianfranco Miglio griff die Bezeichnung «Padanien» wieder auf. Um dem wirtschaftlich starken Norden mit eigenständiger Identität einen Namen zu geben. Partei-Intern ausgedehnt auf Mittelitalien außer Latium. Mit insgesamt 33,68 Millionen Einwohnern. Einem Pro Kopf-Einkommen im Jahr, das mit 28.565 Euro höher ist als in Deutschland und Frankreich. Am 15. September 1996 rief Umberto Bossi die Unabhängigkeit Padaniens aus. Von Rom und anderen Regierungen in der Welt aber nicht anerkannt.

Die heute als Padanien bezeichnete Region knüpft an frühere Bedeutungen an. Wirtschaftlich erfolgreicher als südliche streben Politiker der nördlichen Regionen Unabhängigkeit von Rom an. Etwa die Hälfte der 33,6 Millionen Einwohner befürworteten die Unabhängigkeit. Als Hauptstadt wird Mantua und Venedig genannt.

1997 organisierte die Lega Nord die ersten Wahlen für ein Padanisches Parlament. Fast 5 Millionen Norditaliener wählten die Partei. Mantua wurde Hauptsitz der Regierung. Eine Stadt, die bereits vom 13. bis ins 18. Jahrhundert von Herzögen der mächtigen «Gonzaga-Dynastie» regiert wurde. Zum Wohl des ganzen Herzogtums und ihrer Bürger, muss man zugeben. Neun Parteien bewarben sich jetzt, aber die Maßnahme versandete. Der Plan gescheitert.

Erst 2007 der Gedanke an Unabhängigkeit wiederbelebt. Partei-Intern zunächst. Der Gefangenen-Chor aus Verdis Oper «Nabucco» „Va, pensiro, sull' ali dorate" sollte Nationalhymne ganz Italiens werden. Bossi schlug sie Rom mit der Begründung vor, sie sei ein Symbol für die italienische Freiheitsbewegung im 19. Jahrhundert. Die geplante Abspaltung Padaniens wurde vom Parlament auf Eis gelegt. Die Lega Nord ab da eine Partei wie alle anderen im Land. Kämpft um Macht und Einfluss auf das Geschehen in Italien.

Dieser Tatbestand hinderte Bossi aber nicht daran, die Mitglieder seiner Partei aufzufordern, sich dem Kampf für Wohlstand und Separation anzuschließen. Padanien schwebte ihm als ein Vielvölkerstaat vor. Dem Italiener, die Franzosen Savoyens, Schweizer, Österreicher und Bayern angehören. In der

Eurokrise fand diese Idee die Zustimmung vieler Norditaliener. Am liebsten hätten sie auch noch eine eigene Währung.

Beim Straßenradrennen «Giro di Padania» gab es handgreifliche Auseinandersetzungen. Zwischen Zuschauern, die die Einheit Italiens befürworteten und Rennfahrern, die autonom sein wollten. So wird es wahrscheinlich weitergehen. Kleine Sticheleien machen Lust auf Gegenstiche. Behauptungen fördern Widerspruch und erhalten die Neigung, sich auseinanderzusetzen. Entscheidendes demokratisches Prinzip.

Polen

Heute ist Polen eine parlamentarische Republik in Mitteleuropa. Warschau die Hauptstadt. Das Land ist in 16 Provinzen, «Woiwodschaften» genannt, eingeteilt. Mit 313.679 km 2 das sechsgrößte Land Europas. 38,5 Millionen Einwohner.

In Urkunden des Jahres 966 erstmals erwähnt, als während der Völkerwanderung Polanen sich dort ansiedelten. Mietzko I. erster König des Landes, öffnete um 1025 Polen dem Christentum. Heute noch gehören 87 % der Bevölkerung der römisch katholischen Kirche an. Hoch verehrt wird Karol Wojtila, der sich als Papst Johannes Paul II. nannte. Als Erzbischof von Krakau spielte er beim Zusammenbruch des Ostblocks eine wichtige Rolle. Zweitgrößte religiöse Gemeinschaft ist die orthodoxe Kirche. Evangelisch-Lutherische und andere in der Minderheit.

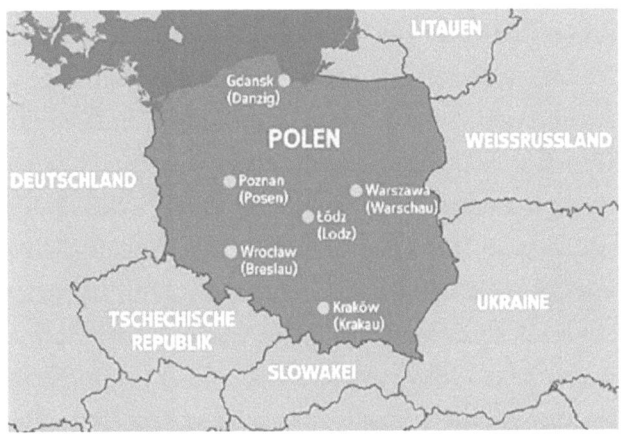

Polen nach 1945. Umgeben von Staaten, die in vergangenen Jahrhunderten große Teile des Landes gewaltsam an sich rissen. 38, 5 Millionen Einwohner Hauptstadt Warschau

Zurück zur Geschichte Polens. Im Jahre 1561 vereinigte sich das Königreich Polen mit dem Großherzogtum Litauen. Ab da die «Königliche Republik Polen-Litauen». Einer der größten und einflussreichsten Staaten auf dem Kontinent mit der ersten modernen Verfassung in Europa.

Im 18. Jahrhundert wurden Preußen, Russland und das Habsburger Großreich gefährliche Gegner. Alle drei wollten ihren Einflussbereich erweitern und Macht gewinnen. Bekämpften sich, verbündeten sich wieder. Um Polen letztendlich mit militärischer Übermacht zu dreiteilen. Je ein Teilgebiet an Preußen, Russland und Österreich. Von einem autonomen Staat konnte keine Rede mehr sein. Das fast 500 Jahre auf Frieden bedachte Königreich existierte nicht mehr. Bis 1918, nach Ende des ersten Weltkrieges und dem Friedensschluss von Versailles Polen die geraubten Gebiete wieder zurückbekam. Marschall Jozef Pilsudski, der schon lange gegen die russischen Besatzer opponierte, wurde Ministerpräsident der zweiten Republik Polen. Der Marschall provozierte laufend militärische Konflikte mit allen Anrainerstaaten. Der Aufbau eines neuen Staates wurde vernachlässigt. Pilsudski regierte bis 1935 wie ein Diktator das Land.

1939 erneute Aufteilung Polens. Als Zwangsfolge des Nichtangriffs-Paktes zwischen Deutschland und Russland. In dem die Aufteilung Polens beschlossen war. Auf den deutschen Polenfeldzug am Beginn und der russischen Invasion gegen Ende des Krieges erfolgte nach der deutschen Kapitulation 1945 die bisher letzte Aufsplitterung. Das Land zu Gunsten Russlands verkleinert und nach Westen verschoben. Von den Sowjets gezwungen eine Volksrepublik zu werden wie die deutsche DDR.

Und alle anderen Länder Ost- und Südost-Europas. Erst die Revolutionen in diesen Ländern

1989 führten zur Gründung der dritten Republik Polen.

Im zweiten Weltkrieg litt das Land besonders stark. Unvergessen die zwei Aufstände gegen die deutschen Besatzer. Der erste 1943 in Warschau, von Juden des Ghettos angezettelt. Schlecht bewaffnet, nicht gut koordiniert und daher aussichtslos. Die Nazis schlugen ihn brutal nieder. Schleppten die Insassen und andere Unliebsame ins KZ Auschwitz oder Birkenau. Um sie zu vergasen. Insgesamt 6 Millionen Juden aus Deutschland und den besetzten Ländern die unschuldigen Opfer des Nazi-Regimes. 1944 der zweite Aufstand der polnischen Heimat-Armee und Freiwilligen aus dem Freundes- und Bekanntenkreis. Nach 62 Tagen vergeblichen Ringens ebenso brutal niedergeschlagen. Massenmorde begangen, die Stadt Warschau gesprengt, bombardiert, total zerstört.
Auch in den Jahrzehnten nach Friedensschluss keine Ruhe. Die regierenden Kommunisten erhöhten die Preise drastisch für Lebensmittel. Als erste protestierten die Werftarbeiter in den Hafenstädten Danzig und Stettin. Ihr Anführer «Lech Wałęsa» stellt einen Katalog mit 21 Forderungen auf. Neben sozialen besonders das Recht zur freien Meinungsäußerung. Das Recht zu streiken. Freie

Gewerkschaften zuzulassen! Nicht lange und alle Gewerkschaften Polens stimmten diesen Forderungen zu. «Solidarnocz» – Solidarität ein Name, der die neue Geschichte Polens schrieb.

Unter Giereks Parteiführung schien sich die Lage Polens zu entspannen. Erste Gespräche mit westlichen Politikern. Die Presse schrieb von einer Männerfreundschaft zwischen Gierek und Helmut Schmidt, dem Kanzler der BRD. Aber zwischen den Gewerkschaften brodelte es noch Jahre. Bis Gorbatschows Entspannungspolitik den Auflösungsprozess der kommunistischen Länder einleitete. Die Reformkräfte ermutigt, sich einigten, eine echte parlamentarische Demokratie zu begründen.

95 % der Bevölkerung sind polnische Staatsbürger. Deutsche, Weißrussen, Ukrainer, Russen u.a. in der Minderheit. Seit 1967 ist der Schutz dieser Minderheiten verfassungsrechtlich gesichert. Gemeinden, in denen 20 % und mehr einer Minderheit leben, wird auch deren Sprache akzeptiert. Orts- und Straßenschilder, öffentliche Einrichtungen sind zweisprachig. Wie in Belgien und Südtirol. Nur in Wojwodschaften mit langer kaschubischer Tradition, Danzig zum Beispiel, ist Kaschubisch als Amtssprache akzeptiert.

Ein Wort noch zur kulturellen Geschichte Polens. Zwischen West- und osteuropäischen Kulturräumen profitierte es immer schon von anderen Einflüssen. Ein eigenes kulturelles Erbe bildete sich früh. Auf allen Gebieten von Wissenschaft, Technik und Kultur. Die Renaissance im 15./16, Jahrhundert wird in Polen das goldene Zeitalter genannt. Unter ihrem König «Sigismund I.» kamen Land und die Stadt Krakau zu neuer Blüte. Krakau, die Hauptstadt entwickelte sich zu einem Zentrum des Humanismus. Zog Wissenschaftler, Philosophen und Künstler aus ganz Europa an.

Der Flame Veit Stoß schnitzte den berühmten gotischen Hochaltar in der Krakauer Marienkirche. Die vom Krieg verschonte Stadt, früher Königsresidenz, ist heute Ziel kulturell interessierter Menschen aus aller Welt. Der Renaissance-Arkadenhof im königlichen Schloss Krakaus einer von vielen Höhepunkten. Die supermoderne Architektur der Zentrale des polnischen Fernsehens in Warschau könnte genauso gut in Paris oder London stehen. Polnische Handwerker, Steinmetzen, Schreiner, Kunstglaser, Fresco-Maler, Stuckateure heute noch in ganz Europa begehrte Spezialisten, wenn es um originalgetreue Restaurierung historischer Gebäude geht.

Henryk Sienkiewicz, ein gefeierter Schriftsteller Polens, erhielt den Literatur-Nobelpreis. Marie Skolodowska-Curie zwei. Einen für Chemie, den zweiten einige Jahre später für Physik. Sie untersuchte Metalle auf ihre Strahlungsfähigkeit. Entdeckte Röntgenstrahlen und ließ die ersten fahrbaren Geräte bauen. Machte den Führerschein, um im ersten Weltkrieg verwundete Soldaten direkt hinter der Front zu untersuchen. Granatsplitter im Körper präzise zu lokalisieren für die Operation.

Über Frédérique Chopin braucht man kein Wort zu verlieren. Seine Musik drängt, jubelt, weint und tröstet immer noch. Artur Rubinstein ein anderer vielgespielter Komponist. Chrysztof Penderecki regelmäßig bei den «Donaueschinger Musiktagen für neue Musik».

Nach dem zweiten Weltkrieg und dem Zusammenbruch des Ostblocks orientierte sich das Land nach Westen. Seit 2004 Mitglied in der Europäischen Union. Den Beitritt zum Euro schob man noch 10 Jahre hinaus. Die Wirtschaftliche Lage müsse erst besser sein. Eine neue ergab sich nach den letzten Wahlen. Die traditionsbewussten Polen entschieden sich an der Wahlurne für eine rechtskatholische Regierung. Sie verletze nach Ansicht der EU-Kommission die geltenden Grundsätze einer unabhängigen Justiz. Polen hat die gleichen Probleme mit Flüchtlingen, den Problemen des technischen Fortschritts wie die anderen Länder Europas. Versucht mit flexiblen Verordnungen und Gesetzen ihrer Herr zu werden. Spaltet es Europa? Platzt es sogar? Die große Frage. Andere Länder streben ähnliches an. Ungarns Orban oder die Niederlande mit Wilders. Ihr Land liegt ihnen näher als die Union. Machtgelüste? Oder liegt es in der Luft? Der Ruf nach Selbstbestimmung allenthalben. Studien belegen: Als nach dem Obrigkeitsstaat in Europa peu à peu die parlamentarische Demokratie heimisch wurde, wuchs der Wille der Bürger, bei politischen Entscheidungen mitzuwirken. Das demokratische System Initialzündung für separatistische Tendenzen? Man schätzt etwa 250 Autonomie-Bestrebungen in Europa. Kleine und kleinste Einheiten, die sich selbst verwalten wollen.

Sardinien

Sardisch: Sardigna, Italienisch: Sardegna, katala-
nisch: Sardenya, Griechisch: Sandalyon, weil die
Form der Insel an einen Fußabdruck erinnert. Inklusive der umliegenden Inseln eine autonome
Italienische Region mit 1,63 Millionen Einwohnern. Hauptstadt Cagliari. Im öffentlichen Leben
dominiert die Italienische Sprache. In einigen Landesteilen spricht man Korsisch oder katalanischen
Dialekt. Die Mehrheit der Bevölkerung ist Rö-
misch-Katholisch.

Sardinien wie viele Randgebiete und Inseln von
immer anderen Völkern erobert und besiedelt. Seit
dem 14. Jahrhundert v. Chr. trieben Mykener und
Zyprer Handel mit der Insel. Phönizier hielten die
Insel 300 Jahre besetzt. Während des Punischen
Krieges im 9. Jahrhundert v. Chr. besetzten Punier
aus Nordafrika Sardinien. Interessiert an den reichen Erzvorkommen. Beeinflussten die Kultur mit
ihrem Götterglauben. Die punische Variante der
Fruchtbarkeitsgöttin verbreitete sich rasch. Archäo-
logische Spuren finden sich überall. Aber auch wirtschaftlich prosperierte die Insel. Zeitgenössische
Autoren schreiben von großflächigen Rodungen,
um Getreide anzubauen. Die Insel entwickelte sich
zur Kornkammer. Nahm den Handel mit Etruskern
wieder auf.

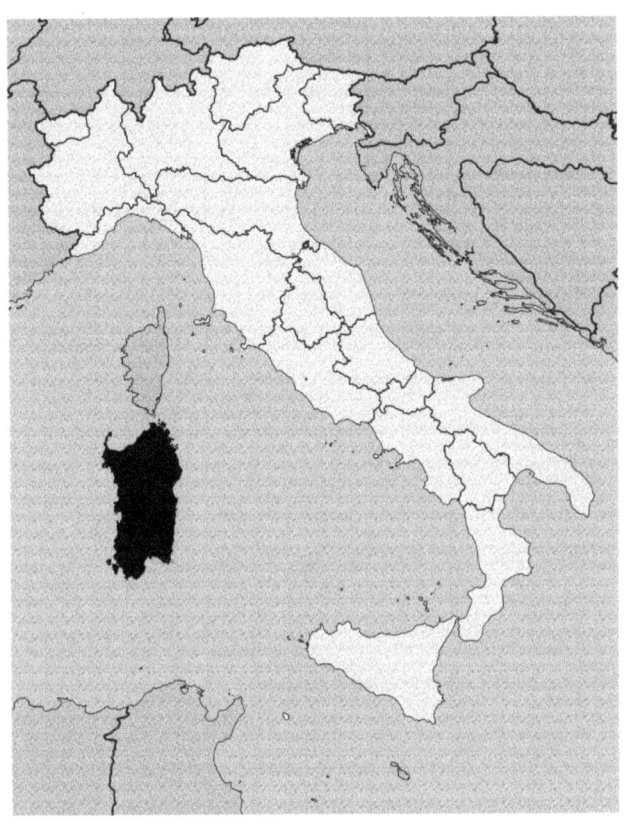

Sardinien eine der größten Mittelmeerinseln, die heute zur Republik Italien gehören. Im Laufe der Jahrhunderte vielfach umkämpft wie die anderen. 11,63 Millionen Einwohner. Hauptstadt Cagliari.

Ein Problem aber war nicht zu lösen. Die Insel war zweigeteilt. In Siedlungsgebiete der Sarden und die der Punier. Aufstände in Nordafrika, dem Punischen Mutterland schwappten nach Sardinien über. Die auf der Insel stationierten punischen Truppen meuterten. Richteten unter der Bevölkerung fürchterliche Massaker an. Rom sah seine Chance gekommen, die Insel in Besitz zu nehmen. Sie blieb bis 283 v. Chr. römisch. Bis sie 455 von Vandalen vorübergehend besetzt, vom Feldherrn Belisar im Auftrag des Oströmischen Kaisers erobert wurde. Zugleich mit anderen Inseln des westlichen Mittelmeeres. Byzantinische Kultur beeinflusste die Sardische Folklore bis heute. «S' ardia», das Reiterfest zu Ehren des Oströmischen Kaisers Konstantin, ein Höhepunkt im Jahr.

Zurück ins erste Jahrtausend: Ostgoten erschienen 552 auf Sardinien, eroberten Cagliari. 585 versuchten Langobarden es mehrmals ohne Erfolg. 599 ließ Papst Gregor der Große die zahlreichen Heiden Sardiniens gewaltsam zum Christentum bekehren. Ab 704 eine 200jährige Phase, in der Araber die Küsten überfielen. Die Bewohner flüchteten ins Inselinnere. Der Handel ging folglich stark zurück. Ohne funktionierende Häfen konnte kein Schiff an- oder ablegen. Sardische Städte, sogar

Dörfer versuchten autark zu werden. Selbst bestimmen, was getan werden muss oder nicht. Gesetze erlassen. Unabhängig von anderen zu sein. Um 832 endete die byzantinische Herrschaft.

Die nun isolierte Insel teilte sich ab da in vier Giudicati, Judikate. Von je einem Richter regiert, der sich wie ein Feudalherr aufführte. Erneute Überfälle der Araber konnten verhindert werden. Die mächtigen See-Republiken Genua und Pisa griffen auf Weisung des Papstes Benedict VIII. ein. Pisa erhielt Sardinien als päpstliches Lehen. Genua beherrschte den Norden Italiens.
Die Rangeleien aber hörten nicht auf. Bis kurz vor der französischen Revolution Pisaner, Schwaben, Spanier, Österreicher, Savoyer und Italiener bemüht, die Herrschaft über Sardinien zu erlangen. Erst 1784, nach einem Aufstand der sardischen Oberschicht war die Insel autonom. Alles änderte sich, als nach dem Aufstand Giuseppe Garibaldis 1861/62 Italien ein einheitliches Staatsgebilde wurde. Der Schwerpunkt in die Hauptstadt Italiens verlegt. Nach Turin zuerst, dann Florenz, zuletzt Rom. Sardinien als Provinz an den Rand gedrängt.

Erst 1946 erhielt Sardinien den Autonomie-Status. Dennoch protestierten bewaffnete Sardische Nationalisten bis 1982. Forderten konsequente Unabhängigkeit. Entführten öffentliche Personen, um sie bei Zugeständnissen wieder frei zu lassen. Ohne den gewünschten Erfolg. Der sardische Nationalismus lebt immer noch. Es sammeln sich Gruppierungen, deren Ziel es ist, 100% unabhängig von Rom zu sein. Begründet mit dem verständlichen Wunsch, das kulturelle Erbe darf nicht vergessen sein. Es wiederzubeleben ihr Ziel. Einschließlich aller Sprachen auf der Insel. Rom könnte es ihnen zugestehen und verlöre nichts. Aber . . .

Schottland

1603 wurden die Königreiche Schottland und England in Personalunion regiert. 1707 im Königreich Großbritannien vereinigt, im «Act on Union» bestätigt. Nachdem Irland dazu gehörte nannte es sich Königreich Großbritannien und Irland. Nach der Abspaltung Nordirlands der aktuelle Status: «Vereinigtes Königreich Großbritannien und Nordirland»

Schottland also eines von mehreren Gebieten des vereinigten Königreiches. Bestehend aus dem nördlichen Teil Großbritanniens und mehreren Inselgruppen. Hauptstadt seit 1437 Edinburgh. 5,34 Millionen Einwohner. Amtssprachen sind: Englisch, Schottisch-Gälisch und Scots. Seit 1996 gegliedert in 32 «Council Aeras». Darunter 3 Inselbezirke. Die Städte Aberdeen, Dundee, Edinburgh, Glasgow, Iverness, Perth und Stirling mit dem Sonderstatus einer City.

In den letzten Jahrzehnten entstand eine starke Bewegung, die eine Auflösung der Union mit England forderten. Und damit die konsequente Abspaltung vom Vereinigten Königreich. Schottland besaß bereits seit der innerbritischen «Devolution» größere Autonomie. Devolution ist ein staatspolitischer Begriff, demzufolge kleinere Einheiten in einem Staat partiell selbstständig agieren können. Und politisch legitimiert sind. Der Staat kann diese Autonomie jedoch ändern oder wieder auflösen.

2011 kündigte die schottische Regierung unter Alex Salmond ein Referendum an. Mit dem Ziel, die Unabhängigkeit zu erlangen. Optimistisch, weil er sich auf eine satte Mehrheit der «SNP» im Parlament stützten konnte. Die nationalistische «Scottish National Party». 2012 einigte er sich mit Premier Cameron auf einen Termin für die Volksabstimmung. Am 18. September 2014 war es soweit. Vom sicheren Ausgang überzeugt, sollte bis März 2016 eine schottische Verfassung geschrieben vorliegen. Sobald die erhoffte Mehrheit sich für die Abspaltung entschieden hat. Es kam anders als erwartet. Das Referendum ergab eine Mehrheit von 55,3 % für den Verbleib im Vereinigten Königreich. 44,75 % waren dagegen.

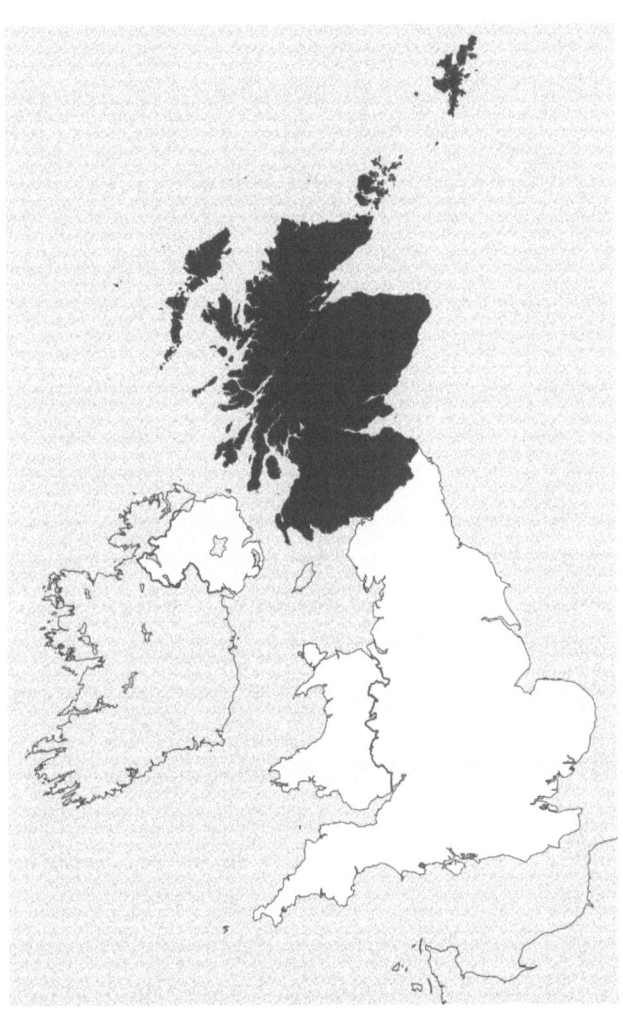

Schottland der nördliche Teil der britischen Hauptinsel. 1707 mit dem Königreich Großbritannien und Irland vereinigt. Heute 5,3 Millionen Einwohner. Hauptstadt Edinburgh.

In diesem Jahr kulminierten die Ereignisse. Cameron wollte sich überzeugen, ob ein Austritt aus der EU möglich ist. Viele bedrängten ihn, es zu tun. Andere warnten. Im Juni desselben Jahres 2016 folgte ein Referendum über den Verbleib in der EU. Eine Mehrheit stimmte für den Austritt. Das Parlament beschloss, die Europäische Union zu verlassen.

Kaum war es veröffentlicht, werden verstärkt Stimmen laut, die die Loslösung Schottlands vom Vereinigten Königreich fordern. Bei einem schnell durchgeführten neuen Referendum stimmte die Mehrheit der Schotten für den Verbleib in der EU. Mit 86 – 90 % Wahlbeteiligung. Ein deutliches Zeichen, dass Menschen wünschen, es soll alles so bleiben wie es war. Sie wollen ihren mühsam erarbeiteten Wohlstand nicht aufs Spiel setzen.

Das vereinigte Königreich jetzt gespalten in Pro und Contra? Ob Schottland davon profieren wird? Die große Frage. Eines aber bleibt eine Tatsache: Menschen wollen mitreden, sich nicht bestimmen lassen. Vorgeschrieben bekommen, wo ihr Zuhause zu sein hat. Welche Sprache sie sprechen. Sie wollen ein selbstbestimmtes Leben führen. Im Geiste jener Freiheit, die ihnen in der Verfassung zugesichert ist. Unpolitische Gemüter das behalten, von dem sie wissen, es tut ihnen gut.

Siebenbürgen

Auch Translanien genannt, ein ehemaliges Siedlungsgebiet im heutigen Rumänien. Das im 13. Jahrhundert gebietsweise schwach besiedelt war. Man musste sich gegen Überfälle der Türken wehren und wollte die Wirtschaft ankurbeln. Neue Siedler kamen vom Mittelrhein, dem Moselgebiet, Flandern und Wallonien. Um sich in Siebenbürgen niederzulassen. Man nannte sie Siebenbürger Sachsen. Aus dem Lateinischen übernommener Begriff für «Saxones», Menschen aus vorwiegend deutschen Provinzen. Sie waren tüchtige Handwerker und trugen zum Wohlstand des ganzen Landes bei. Erhielten bald schon eine fast absolute Unabhängigkeit. Eine eigene politische Vertretung und Gerichtsbarkeit.

In den deutschen Städten Hermannstadt, Leschkirch und Mühlbach wurden Landtage abgehalten. Wer im Mittelalter nicht «teutsch» war, dem war jeder Zugang zu Handel und Wandel in Siebenbürgen verwehrt. Rumänen sowieso.

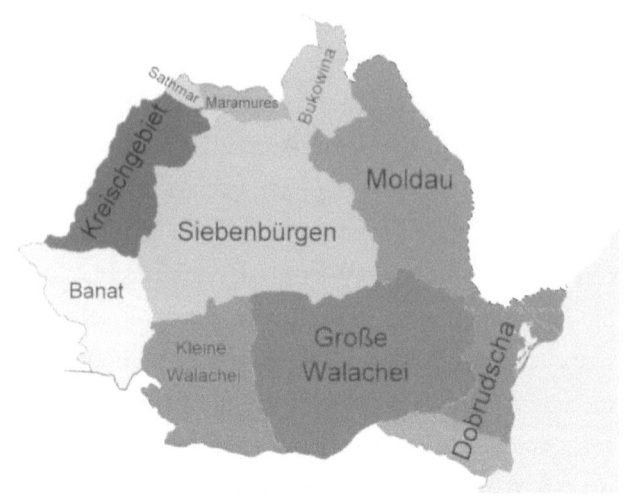

Siebenbürgen, ein anfangs von 6,7 Millionen Deutschen besiedelter Teil Südosteuropas. Nacheinander unter ungarischer, österreichischer und rumänischer Herrschaft. Im Bild die Situation vor der Auswanderung der Deutschen in die BRD und Österreich.

Als am 20. August 1526 Ungarn von den Türken geschlagen wurden, begann eine Phase ständiger Bedrohung. Die fast 200 Jahre andauerte. Türkische Heere drangen immer weiter vor. Verwüsteten Zentral-Ungarn, verschleppten über 100.000 Gefangene ins osmanische Reich. Der größte Teil des Landes unter türkischer Herrschaft. Ein kleiner unter der habsburgischen, der auch nicht menschenfreundlich handelte. Horrende Steuern erhob. Siebenbürgen bis ins 17. Jahrhundert geprägt von Plünderungen der Besatzer. Raubzügen der Türken. Bei denen sie Tausende gefangen nahmen. Tribute verlangten. Hausbesitzer zwangen, ihre Soldaten einzuquartieren und zu versorgen. Seuchen brachen aus und Hungersnöte. Die ungarische Regierung zerstritten. Korruption an der Tagesordnung. Siebenbürgen ein Spielball der Mächtigen.

1683 besiegte Habsburg die Türken vor den Toren Wiens. Man erinnere Prinz Eugen. Es schien auch für Siebenbürger besser zu werden. Nach wechselnden Arrangements mit den Türken behielt Habsburg die Oberhoheit über Siebenbürgen. Kontrollierte das Land. Machte es zum Großherzogtum. Mit Titeln warfen Hoheiten damals nur so um sich. Aber nur mit Formalitäten, die ihre Macht nicht einschränkten. Pro Forma erklärten Maria Theresia und ihr mitregierender Sohn Josef II. Siebenbürgen für autonom. Mit eigenen Fürsten, die das Land mit eigenen Gesetzen regierten. Zugeständnisse, die sie machten, als sie alle Protestanten aus ihrem riesigen Reich dorthin deportiert hatten. Der evangelische Glaube war im Kaiserreich verboten. Man wollte keinen Ärger.

In Siebenbürgen wurden sie herzlich aufgenommen. Von alters her übten sie Toleranz gegenüber anderen Religionen. Jetzt waren sie der Abschiebebahnhof für unbequeme Bürger aus dem ganzen Kaiserreich.

Ein Zeitsprung bis 1848/49. In vielen Staaten Europas revoltierten Menschen gegen das Establishment. Bevormundung und Entzug freiheitlicher Rechte. Ungarn in Siebenbürgen forderten die Wiedervereinigung mit Ungarn. Die in Österreich geltende Leibeigenschaft abzuschaffen. Nur mit Hilfe des russischen Zaren konnte der habsburger Kaiser die Aufstände niederschlagen. Sicherheitshalber unter die Verwaltung des Militärs gestellt.

1866 entschied sich der magyarisch dominierte Landtag für die Union mit Ungarn. Ohne Rücksicht auf andere Nationalitäten in Siebenbürgen. Somit war die Autonomie Siebenbürgens aufgehoben. Ein Status, der mehr als 700 Jahre lebendig war. Die Selbstverwaltung mit allen Rechten abgeschafft. Von der «Doppel-Monarchie Österreich-Ungarn» abgesegnet.
Ab da Unruhe im Land Ungarn. Die Regierung befürchtete, die staatliche Einheit zerbreche und

ordnete Maßnahmen an, es zu verhindern. Zugunsten der eigenen Identität als Magyaren. Mit einer rigorosen Politik magyarisierte sie die Öffentlichkeit. In Schulen und Ämtern nur Ungarisch zugelassen. Schilder, Schaufenster ungarisch betextet. In Theatern nur ungarische Stücke aufgeführt, ungarische Musik gespielt.

Verständlicherweise kam es zu Unruhen und echten Konflikten. Andere Bevölkerungsteile sahen sich ausgeschlossen. An den Rand gestellt, verachtet. Rumänen riefen den rumänischen König um Hilfe. Siebenbürger konnten sich dem Veränderungsprozess weitgehend entziehen. Auf ihre Schulen, Kindergärten, Kirchen und Wohltätigkeitseinrichtungen wollte man nicht verzichten und ließ sie in Ruhe. 1907 ein Ereignis, das alles veränderte.

In Sămăcel schoss plötzlich beim Schürfen von Salz Erdgas aus der Erde. Methangas, das als Rohstoff die Herstellung von Glas begünstigt. In der chemischen Industrie als Ausgangsmaterial technische Synthesen ermöglicht. Und als Kraftstoff Motore antreibt. Statt Benzin z. B. Was man damals noch nicht wusste: Methangas trägt erheblich zur Erwärmung des Klimas bei. Jedoch relativiert sich diese Tatsache, weil es in der Erdatmosphäre umgewandelt wird in Kohlenstoffmonoxyd und

Kohlenstoffdioxyd, CO_2. Den zu reduzieren beim Klima-Abkommen fast alle Länder versprochen haben.

1907 aber beschleunigte das Abpumpen von Methangas die Entwicklung einer neuen Industrie. Mit allen Vorteilen, die daraus auch für die Bürger Siebenbürgens folgten. 1914 wurde die erste Erdgasleitung Europas gebaut. Abnehmer aus anliegenden Ländern gewonnen. Dann brach der erste Weltkrieg aus, den Deutschland und Österreich verloren. Von den Staaten, die ihn angezettelt hatten. Etwa 100.000 rumänische Siebenbürger forderten eine Vereinigung aller im Königreich Rumänien. Siebenbürger Sachsen begrüßten diese Forderung und verfassten 1919 eine Anschlusserklärung. Mit dem ausdrücklichen Wunsch, ihnen als Minderheit alle Rechte zuzusichern.

Die rumänische Regierung ließ ihnen ihre Sprache, Schulen und Märkte, Brauchtum und Kultur. Sie durften sich selbst verwalten. Regeln des Zusammenlebens bestimmen. De facto aber agierte die rumänische Verwaltung nach der Logik eines Nationalstaates. Nicht anders als die Ungarn vorher. Kontrollierte das Leben der Siebenbürger von der Wiege bis zur Bahre. Reduzierte, verbot, schränkte ein. Enteignete, konfiszierte, entließ, diskriminierte. Siebenbürger also vom Regen in die Traufe

gekommen? Eine Volksgruppe, die jahrhundertelang Politik, Wirtschaft und Kultur dominierte,
musste ihre historische Vormachtstellung aufge-
ben. Um in Rumänien abhängig von der rumänischen Mehrheit zu sein.

Den Ungarn, auch Magyaren genannt, erging es
nicht anders. Sie wanderten aus in den neuen, klei-
neren ungarischen Staat. Zur gleichen Zeit siedelte
die rumänische Regierung ethnische Rumänen aus
dem Königreich in Siebenbürgen an. Diese Maßnahme wurde noch bis Ende des inzwischen aus-
gebrochenen zweiten Weltkrieges fortgesetzt. Sodass sich in Siebenbürgen die Mehrheitsverhältnis-
se umgekehrt hatten. Die Ureinwohner nur noch
eine verschwindend kleine Minderheit. Die 1947
im Friedensvertrag von Paris festgelegten Grenzen
Siebenbürgens identisch mit denen von 1920.

Eine große Mehrheit der Siebenbürger wanderte
aus nach Österreich und in den 1990er Jahren die
Bundesrepublik Deutschland. Wo sie zunächst als
Fremde aufgenommen, später integriert wurden
wie andere geflüchtete oder vertriebene Deutsche
aus kommunistischen Staaten. Siehe Vertriebene.

Sizilien

Mit 25.426 km² größte Insel im Mittelmeer und einer Küstenlänge von 1152 km. Gemeinsam mit den vorgelagerten Inseln eine autonome Region der Italienischen Republik: «Regione Siciliana». Der antike griechische Historiker Diodor, die längste Zeit seines Lebens Bewohner der Insel, schrieb: *„Von allen Inseln werden wir über Sizilien sprechen. Weil sie die bedeutendste ist. Die über sie erzählten Geschichten die ältesten sind und deshalb verdienen, an die erste Stelle gesetzt zu werden."*
Erdgeschichtlich war Sizilien einst eine Landbrücke zwischen Europa und Afrika. Das geografisch markanteste Merkmal ist der Ätna. Ein Vulkan, dessen offener Gipfel unentwegt raucht, von Zeit zu Zeit Gesteinsbrocken, glühenden Lavaschlamm ausspuckt. Der erkaltet die Felder an seinen Hängen fruchtbar macht wie keine andere Region der Insel. Reiche Ernten beschert und die Mafia animiert, sich einzumischen. Ein laufend verbessertes Frühwarnsystem meldet kontinuierlich den Unruhezustand im Innern des Vulkans. Sodass im Extremfall die Menschen im nahen Umfeld rasch in Sicherheit gebracht werden können.

Palermo, die Hauptstadt der Region. Catania, Messina und Syrakus weitere bedeutende Städte. In allen ist eine große Vergangenheit lebendig. Seit 800 v. Chr. bis ins 18. Jahrhundert immer wieder Ziel von Eroberern. Wie Sardinien, Korsika und Mallorca, Ibiza und Formentera im westlichen Teil des Mittelmeeres. Mit den Griechen begann es. Wie groß ihr Einfluss war, erkennt man den Überbleibseln ihrer Baukunst. Neben griechischen Tempeln in Selinunt, Syrakus und Segesta der berühmteste Concordia-Tempel in Agrigent. Das von allen am besten erhaltene Beispiel antiker Bauwerke auf Sizilien. Die Konstruktion komplett erhalten. Der Eindruck überzeugend. Athens Parthenon auf Sizilien. Besucht und bewundert von Millionen Touristen im Jahr. Immer noch Anreiz und Aufgabe von Archäologen, Unbekanntes in ihm zu entdecken.

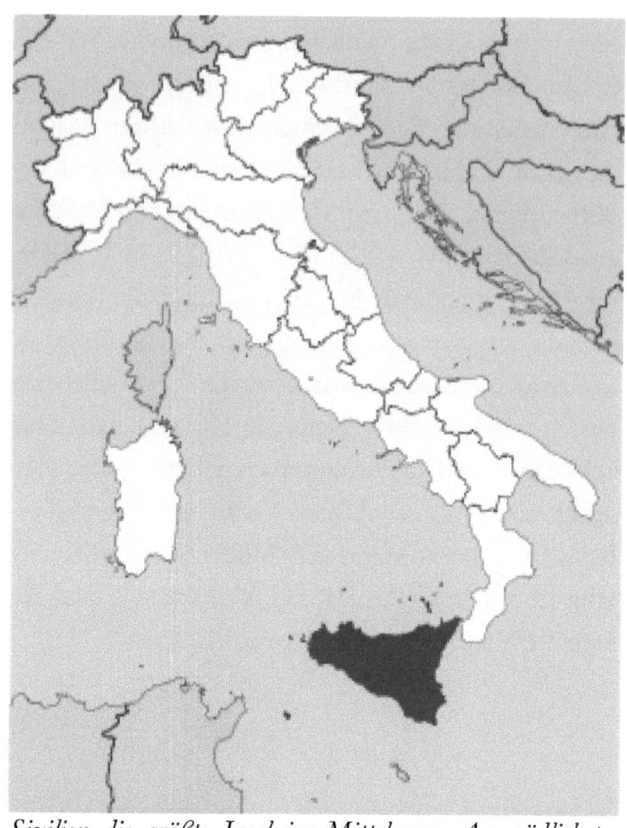

Sizilien die größte Insel im Mittelmeer. Am südlichsten Zipfel des Stiefels gelegen. Mit 5 Millionen Einwohnern. Hauptstadt Palermo.

Auch hier haben die Kriege zwischen Karthago und Rom die Besitzverhältnisse verändert. Nachdem die Truppen Karthagos, Punier von den Römern genannt, 146 v. Chr. die Schlacht bei den Ägatischen Inseln nahe Sizilien verloren hatten, wurde die Insel eine römische Provinz. Immer mehr Sklaven kamen, von römischen Tribunen und Landbesitzern geholt und ausgenutzt. Im Laufe der Jahre kam es zu drei Sklavenaufständen. Ehemals freie griechische Bürger nun versklavt und schlecht behandelt. Ihr letzter Aufstand von «Spartakus» angezettelt. Einem Gladiator und Sklaven eines römischen Adeligen. Im 19. und 20. Jahrhundert Symbolfigur gegen Unterdrückung und Ausbeutung. Karl Marx nannte Spartakus einen Vertreter des römischen Proletariats. Rosa Luxemburg, eine resolute Kämpferin für Freiheit arbeitete während des Krieges 1914-18 für die »Gruppe Internationale«, aus der später der »Spartakusbund« hervorging. „Freiheit ist immer Freiheit des anders Denkenden", ihre Maxime.

Bis zum Ende der römischen Kaiserzeit wurde Sizilien latinisiert. Lateinische Sprache und Kultur beeinflussten die Entwicklung, bis alles Griechische nur noch antik war und nicht mehr zeitgemäß. Die Amtssprache Italienisch heute, obwohl ein großer Teil der Bevölkerung noch Neu-Griechisch spricht. Im täglichen Umgang italienisches Sizilianisch, ein Konglomerat aus der Sprache aller Besatzer.

Nach den Römern eroberten Vandalen und Ostgoten die Insel. Unter byzantinischer Herrschaft blühte sie auf. Besonders die Küstenregionen florierten. Im 9. Jahrhundert eroberten Araber Sizilien. Blieben 250 Jahre und modernisierten die Landwirtschaft mit neuen Bewässerungs-Systemen. Ähnlich denen auf Mallorca. Bevölkerung und Märkte profitierten von reichen Ernten. Das 12./13. Jahrhundert ist wesentlich geprägt von den Staufern. Der spätere Kaiser des «Heiligen Römischen Reiches Deutscher Nation» Friedrich II. damals König von Sizilien. Er modernisierte die Verwaltung, beteiligte Bürger an Entscheidungen. Holte muslimische Wissenschaftler und Künstler, sein Land auf den neusten Stand zu bringen und schöner aussehen zu lassen. Sein Gefolge war multikulturell. Das Ziel seiner Politik: Christen, Juden und Muslime sollten friedlich zusammenleben. Frei und ungehindert ihrer Tätigkeit nachgehen, damit die Gemeinschaft aller in seinem Reich davon profitiere. Sein besonderes Interesse an Medizin und Naturwissenschaften hatte Folgen. Er erließ Gesetze, Luft und Gewässer vor Verschmutzungen zu schützen. Eine Approbationsordnung für Ärzte und Apotheker.

Studierte das Verhalten von Falken bei der Jagd. Schrieb ein Buch über die Falknerei, das heute noch gilt. «De arte venandi con avibus». Über die Kunst mit Falken zu jagen. Seine Regeln werden nach wie vor bei der Beizjagd befolgt. Im sogenannten «Manfred- Manuskript», einer mittelalterlichen Handschrift, ist auf der zweiten Seite eine Miniatur zu sehen. Friedrich auf dem Thron mit dem Reichsapfel in der Rechten. Die Linke weist auf einen Falken neben ihm. Das Original wird in der Universitätsbibliothek Heidelberg aufbewahrt. Der «Manesse-Kodex», eine Sammlung mittelalterlicher Minnelieder zeigt die Miniatur eines Paares nebeneinander, jeder auf einem eigenen Pferd. Sie mit einem Falken in der behandschuhten Hand.

Friedrich II. gründete die erste Universität in Neapel. Machte Palermo zum Mittelpunkt seines Reiches. Dessen osmanisch beeinflusste Architektur zeigt heute noch ihre berückende Schönheit. Gründete die erste Dichterschule. Aus vielen Ländern kamen Neugierige, Architekten, Bildhauer, Professoren und Studenten, das Wunder zu bestaunen. Um daraus zu lernen. Man nannte Friedrich II. den «Stupor Mundi et Immutator Mirabilis». Das Staunen der Welt und bewunderungswürdiger Verwandler. Friedrichs Politik Vorbild für gelungene Integration. Damals die von Christen, Muslimen und Normannen. Man könnte auch heute, wenn man wollte, die richtigen Schlüsse daraus ziehen.

Das Königreich Sizilien, mit Neapel «Ducale» genannt, doppeltes Herrschaftsgebiet von 1265 – 1862

Friedrich musste 1245, fünf Jahre vor seinem über-raschenden Tod, auf sein Amt als Kaiser und alle Königstitel verzichten. Abgesetzt von Papst Inno-zenz IV, der seinen kirchlichen Hoheitsanspruch auch auf die weltliche Macht bedroht sah. Friedrich

II. hatte ihn nie ernst genommen. In diversen Maßnahmen dessen Anspruch ignoriert und entschlossen dagegen gehandelt. Bewusst das Risiko in Kauf
genommen. Kolportiert oder nicht, eines steht fest:
Ein freier Geist hat es nicht leicht in einer materia-
listischen Welt.

Nach dem das Problem Napoleon gelöst war, folgte die Neuordnung der europäischen Staatsgebilde.
Neue Grenzen, neue Namen kreiert. Auf dem
«Wiener-Kongress» 1814 beschloss man das Königreich Neapel zum neu gegründeten «Königreich
Neapel-Sizilien» umzustricken. Praktisch also nur
den Namen zu ändern. Denn das 1265 gegründete
Königreich umfasste bereits ganz Süditalien. Unter
der Herrschaft der Bourbonen wurde Neapel
Hauptstadt. Nach 1814 kümmerten sich die bour-
bonischen Könige nur um ihre eigenen Interessen,
vernachlässigten die Insel und ihre Bewohner.
Spannungen zwischen der Aristokratie und der
armen Landbevölkerung führten Ende des 19.
Jahrhunderts zur Entstehung der Mafia. Von der
Gier weniger, Geld und Macht an sich zu raffen,
angeheizt. Auf Kosten der Besitzlosen. Eine aus-
gleichende Mittelschicht gab es nicht.

Noch heute verstehen sich Sizilianer als «Sicilianità». Nicht als Italiener. Jedes Individuum Siziliens fühlt sich wie eine ausgedörrte Insel. Einsam und von allen guten Geistern verlassen. Umgeben von einem Ozean mächtiger Kräfte. Von denen sie abhängen, ob sie wollen oder nicht. Man kann es nicht verallgemeinern. Aber eine schweigende Mehrheit hat Angst. Jüngste Widerstände gegen die Mafia, vor allem von Frauen, zeigen erste Wirkungen. Jedoch im Alltag ändert sich nichts. Ein großer Teil der Bevölkerung Siziliens muss um seine Existenz kämpfen. Sich der Mafia zur Verfügung stellen, verhungern oder auswandern.

Die Vereinigung Italiens 1862 hat auch die Armut vieler nicht geändert. Garibaldis Invasion auf Sizilien war der Anstoß, aus dem zersplitterten Land mit kleinen, kleinsten Besitztümern und Stadtstaaten einen einheitlichen Staat zu machen. Vor dem ersten Weltkrieg wanderten viele Sizilianer nach Amerika aus und blieben dort. Nach dem zweiten Weltkrieg 1946 bekam Sizilien den Status einer autonomen Region. Große Besitztümer geteilt. Subventionen gezahlt. Den Großstädten ging es besser, aber junge Arbeitskräfte der ärmeren Landbevölkerung wanderten aus. In andere Länder Europas, viele nach Deutschland. Hofften **Arbeit** zu finden, ein neues Zuhause. Und fanden beides. Die Insel entvölkerte sich zusehends.

Zurück blieben Frauen mit ihren Kindern und alte Menschen. Nur die Küstengebiete waren begehrt und bewohnt. Das Innere der Insel blieb dünn besiedelt. Die Armut in den Großstädten zwar gemildert. Aber das Ziel der Politik, die Lebensbedingungen der Provinzen anzugleichen, nicht bei allen erfolgreich. Ihre Bemühungen, auf Sizilien Industriebetriebe anzusiedeln, der Kampf gegen die Mafia, zunehmende illegale Einwanderungen über das Mittelmeer und Umweltprobleme, Erosion und Wassermangel, prägen die sizilianische Politik der letzten Jahre.

Ungerecht behandelt sieht sich nicht nur Sizilien, dem die Zentralregierung in Rom Sonderrechte und finanzielle Hilfe gewährte. Die unter hohen Steuern leidenden Langobarden, Veneter und Piemonteser sehen nicht ein, weshalb auf Sizilien 29.000 Förster beschäftigt sind. Wohingegen die Lombardei mit deutlich größerer Waldfläche „nur" 3000 beschäftigt. Sie halten es auch für unangemessen, dass Siziliens Regionalpräsident mehr verdient als US-Präsident Barack Obama. Auch das beflügelt autonomistische und separatistische Bestrebungen. Die Tatsache, dass sich in den 150

Jahren nach der Einigung Italiens keine nationale Identität gebildet hat, sei der Grund. Folgern die Schweizer «Aargauer Nachrichten». Die ehemaligen Kleinstaaten und Fürstentümer hätten sich nicht zu einer Willensnation zusammengeschlossen. Im Gegensatz zur Schweiz.

Massimo D' Azglio, ein Weggenosse Cavours, sagte nach der Einigung 1851: „Fatta l' Italia, bisogna fare gli Italiani." Wir haben Italien gemacht, machen wir die Italiener." Wieder die «Aargauer Nachrichten» mit einem Zitat: „Italien ist ein Volk von Separatisten. Einig ist Italien nur, wenn es Fußball-Weltmeister ist."

Zurück zu Sizilien. die Insel ist eine Region mit Sonderstatus. Größere Autonomie bei Gesetzgebung und im Bereich der Finanzen garantiert. Das Territorium umfasst neben der Hauptinsel Sizilien, die Ägadischen, Liparischen und Pelagischen Inseln noch die Einzelinseln Ustica und Pantelleria. Ein eigenes Parlament und eine eigene Regierung. Vergleichbar den Bundesländern in Deutschland und andern demokratischen Staaten. Die eigene Flagge seit 2000 zeigt eine «Triscele» auf rotgelbem, Grund. Das Motiv drei miteinander verbundener offener Spiralen geht auf die Sizilianische Vesper 1282 zurück. In Verdis Oper thematisiert.

Sizilien eine Oper? Wenn es nicht so tragisch wäre, gingen alle hin, um sich zu amüsieren.

Siziliens ebenso wechselhafte wie ruhmreiche Geschichte überschattet von den Problemen der Gegenwart. Die Mafia das größte. Von hunderttausenden Urlaubern ignoriert.

Südtirol

Wieder ein Landesteil, eine Region Italiens. Mit dem gleichen Problem wie die Inseln? Geschichtsbewusste denken dabei an Andreas Hofer. Dazu später. Zusammen mit der Region Trient die Region «Trentino-Südtirol». Südtirol zählt zu jenen Regionen Italiens mit einer starken regionalen Kultur. Zurückzuführen auf zwei historische Ereignisse: Die bayrische und alpenromanische Einwanderung. Und mit gewachsenen Bindungen an den deutschen Sprach- und Kulturraum. Besonders zu seinem nördlichen Nachbarn Österreich. Zu dessen Staatsgebiet es bis 1919 gehörte. Die Europäischen Einigungsbestrebungen ermöglichen die grenzüberschreitende Zusammenarbeit mit anderen Teilen des historischen Tirol. Nachdem die Europa-Region «Tirol-Südtirol-Trentino» gegründet war, beginnen sich ihre Institutionen zu verflechten.

Südtirol ist die nördlichste und mit 7.400 km² flächenmäßig eine der größten Regionen Italiens. Grenzt im Norden an Österreich. Im Westen an den schweizerischen Kanton Graubünden. Im Süden an die Regionen Lombardei und Venetien. Hauptstadt ist Bozen. 62 % sprechen Deutsch, 32 % Italienisch. Eine Minderheit von 4 % Ladinisch im Bereich der Dolomiten. Seit den 1990er Jahren führte Imigration aus europäischen und außereuropäischen Ländern zu sprachlichen Einflüssen. Sie werden die Umgangssprache mit der Zeit verändern. Amtssprache ist Deutsch und Italienisch nebeneinander. Deutschsprechende aus dem nördlichen Teil werden auch im südlichen Teil des Landes verstanden, wo Italienisch dominiert. Alle amtlichen Verlautbarungen und Gesetze sind zweisprachig verfasst. Verbindlich in Grenzfällen die Italienische Version. Angestellte und Beamte im öffentlichen Dienst müssen mit einem Zertifikat belegen, dass sie beide Sprachen sprechen. Alle Verkehrsschilder sind zweisprachig. Das Militär spricht Italienisch. Der überwiegende Teil der Bevölkerung ist römisch katholisch. Andere Glaubensbekenntnisse die Minderheit. Seit dem 13. Jahrhundert existiert eine jüdische Gemeinde in Meran.

Das in weiten Teilen ländliche Südtirol zählt zu den prosperierendsten Regionen Italiens und der Europäischen Union. Wirtschaftlich war das Land entlang der Brenner-Route agrarisch geprägt. Noch heute sind Weine und Obst begehrte Exportartikel. «Südtiroler Äpfel» eine Marke. Ebenso DOC geschützte Rebsorten: Gewürztraminer, Ruländer,

Weiß-, Grau-, Blauburgunder, Lagrein und Vernatsch. Man sagt ihnen eine spezifische Frische und Natürlichkeit nach. Beeinflusst von Klima und Böden in der Senke zwischen aufragenden Bergen. Fruchtbar von zahllosen talwärts stürzenden Gewässern, Etsch, Adige auf Italienisch, der größte Fluss. Er gibt dem nördlichen Teil Südtirols seinen Namen «Alto Adige». Seine Weine klar und sauber wie Gebirgswasser.

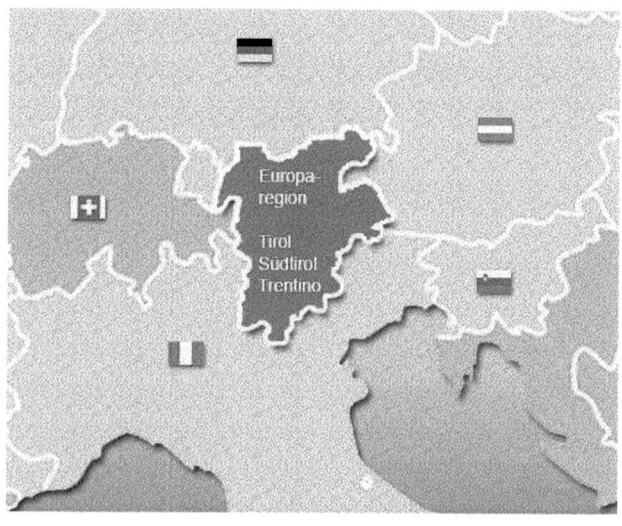

Südtirol die nördlichste Region Italiens. Grenzt an Österreich, Bayern und die Schweiz. 500.000 Einwohner. Hauptstadt Bozen.

In höher gelegenen Gebieten Weide- und Forstwirtschaft. Neben Rindern, Schafe und Ziegen Schweine. Für den begehrten «Tiroler Speck». Große Waldflächen mit Nutz- und Schlagholz nicht nur für den eigenen Bedarf. In der Kunstwelt sind Zeugnisse alter Kulturen bekannt. Klöster, Schlösser mit ihren Kostbarkeiten. Von Fachleuten und Touristen gesuchte Schätze. Paläontologen der ganzen Welt und die Presse freuten sich, als «Ötzi» gefunden wurde. Eine Gletscher-Mumie aus dem 4. Jahrhundert v. Chr. Bergsteiger freut es, sehen sie die Königsspitze auftauchen. Gemsen und Bergziegen in den Ötztaler Alpen. Den Schlernrücken in den Dolomiten. Hochgall in der Riesenfernergruppe. Wanderer entzückt, wenn sie einen der zahlreichen Seen von ferne aufblitzen sehen. Um mehr oder weniger schnell zu beweisen, dass kaltes Wasser kein Hindernis für Mann oder Frau ist, sich darin ihres Lebens zu freuen.

Nach all den Lobeshymnen zurück zum Thema Separation. Das Habsburger Großreich regierte Südtirol scheinbar ohne große Spannungen. Die Menschen zufrieden mit diesem Zustand. Erst als Napoleon begann, andere Länder mit den Segnungen der Revolution zu beglücken, regte sich Widerstand. Tirol, eine Habsburger Provinz, wehrte sich.

Andreas Hofer stand 1809 auf, zuerst gegen Bayern, dann die französischen Besatzungstruppen. Bis heute wird er verehrt als Volksheld. Im bronzenen Sarg in der Stiftskirche von Innsbruck zur ewigen Ruhe gebettet. Ruhig ging es damals nicht zu in seinem Land.

1805/6 begann das Königreich Bayern Druck auszuüben. Auf Habsburgs geäußerte Absicht, Tirol zu annektieren. Die bayerische Regierung erließ entsprechende Gesetze. Setzte die Tiroler Wehrverfassung außer Kraft. Versuchte eine aufklärerische Kirchenreform durchzusetzen. Ebenso die Pockenimpfung. Ein Tiroler Mönch wetterte: *„Sie wollen uns nur bayrisches Denken einimpfen."* Ein Verbot von Prozessionen folgte, von Wallfahrten. Das Verbot der Christmette zum Schluss brachte das Fass zum Überlaufen. Der erste von mehreren Aufständen begann am 9. April 1809.

Andreas Hofer vor seiner ersten Bewährungsprobe als Anführer des Widerstands. Nach einer gewonnenen Schlacht wollte er 's allen zeigen. Verbot Bälle und Feste. Erließ Verordnungen, die Frauen zwangen, Brust- und Armfleisch – so hieß es – vollkommen zu bedecken. Nicht wie bisher gar nicht oder mit durchsichtigem Tüll. Wirtsstuben während des Gottesdienstes zu schließen. Erste

Ausschreitungen sind verzeichnet gegen jüdische Mitbürger in Innsbruck.

Am 11. April 1809 wurde er zum Kommandant der «Anti-Bayrischen Bewegung» gewählt. In dieser Position kam es einen Tag später schon zur Schlacht bei Bergisel. Freiheitskämpfer mit Sensen und Dreschflegeln gegen Truppen mit Schusswaffen. So ging es einige Male hin und her. Mal siegten die Bayern, mal die Tiroler. Am Ende dieser quasi innerdeutschen Keilerei griffen französische Truppen ein und besetzten Tirol. Hofer rief auf zum letzten Aufgebot. Die Tiroler zu siegen entschlossen, gewannen die Schlacht. Unterschrieben aber den «Frieden von Schönbrunn» nicht. Ein Betrugsmanöver sei es, zu Lasten Tirols. Ein letzter Aufstand verlief im Sande. Hofer musste flüchten. Verhaftet von den Franzosen. Von seinem Landsmann Franz Rall verraten, warfen sie ihn ins Militärgefängnis von Mantua.

«Zu Mantua in Banden Andreas Hofer lag», eine Hymne, die bald darauf zur Marseillaise Tirols avancierte. Während der NS Zeit auch in Deutschlands Gymnasien gesungen. Hofer, vor ein Kriegsgericht gestellt, wurde zum Tod durch Erschießen verurteilt. Freiheitskämpfer passten L' Impereur Napoleon nicht ins Konzept. Hofer soll nach mehre-

ren Fehltreffern gesagt haben: „*Franzosen! Ach wie schießt ihr so schlecht.*" Sein Leichnam erst in einer Kiste, 1834 im bronzenen Sarg aufgebahrt. Die Stiftskirche in Innsbruck bis heute Wallfahrtsort für Romantiker? Oder grummelt es immer noch?

1820, wenige Jahre nach Waterloo, wurde Südtirol Italien zugesprochen. Mit der Machtergreifung durch Mussolinis Faschisten war die Provinz politisch wieder ein Thema. Man wollte seinen altösterreichischen Charakter ausmerzen. Ein Schlagwort, das auch die Nazis in Deutschland gebrauchten, wenn sie Juden und Menschen anderer Rassen meinten. Die deutsche Sprache an Schulen verboten. Vor- und Familiennamen italianisiert. In der Wohnungspolitik Italiener bevorzugt, Deutsche in die Minderheit zu bringen. Protest führte zur Gründung des «Deutsch-konservativen Verbandes». Der setzte sich mit der katholischen Geistlichkeit dafür ein, den deutschen Charakter ihres Landes zu erhalten. Unterrichteten in sogenannten «Katakomben-Schulen» in deutscher Sprache. Ab 1930 den nationalsozialistisch geprägten «Völkischen Kampfring Südtirol» gegründet. Den späteren «Stahl-Pakt» Hitlers mit Mussolini zu stützen. In dem festgelegt ist, die bestehende Grenze zwischen Südtirol und Bayern anzuerkennen.

Auch die zwischen Südtirol und Tirol.

Der Pakt, ein Abkommen geschlossen mit der Absicht, die deutsche Bevölkerung „Heim ins Reich" zu holen. So hieß es damals und später auch bei der Annexion Österreichs. Der «Andreas Hofer-Bund», eine kleine Gruppe, widersetzte sich. Aber 85 % folgten dem Angebot. 1945 nach dem zweiten Weltkrieg endete die Umsiedlung zwangsläufig. Mit dem Einmarsch der US-Truppen übernahm die konservative «Comitatio di Liberazione Nationale» die provisorischen Regierungsgeschäfte. Am Ende der Pariser Friedenskonferenz beschlossen die österreichische Bundesregierung und die Italienische Republik den Autonomie-Status von Südtirol. Rom allerdings fasste beide Provinzen, Tirol und Südtirol zusammen. Sodass deutschsprachige Politiker im Parlament in der Minderheit waren. Andere Bedingungen blieben unerfüllt.

Italiens Wirtschaftpolitik förderte die Migration von Südtiroler Arbeitskräften in andere Regionen ihres Landes. Mit der Folge, dass sich die angestammte deutsche Bevölkerung dagegen auflehnte. 1957 fanden sich zu einer Großkundgebung in Schloss «Sigmundskron» bei Bozen Tausende Bürger ein. Der Protest war nicht vergeblich. Er wirkte sich positiv aus auf die noch kommenden Autonomieverhandlungen.

Immer noch fanden Bombenattentate statt. Verbunden mit der Forderung, Südtirol von Italien ganz loszulösen. Und die volle Unabhängigkeit zu erlangen. Der separatistische Befreiungs-Ausschuss Südtirol «BAS» die treibende Kraft. In der sogenannten «Feuernacht» wurden 37 Hochspannungsmaste gesprengt. Die «BAS» soll Verbindungen zu Neonazigruppen gehabt haben. Obwohl die Führungsriege nach der «Feuernacht» 1961 verhaftet wurde, fanden noch bis in die späten 1980er Jahre Anschläge statt.

Die Frage bleibt: Ist es Terrorismus oder ein Freiheitskampf?

Bruno Kreisky, damals österreichischer Außenminister, bemühte sich um eine diplomatische Lösung des Konfliktes. Vor der UN-Generalversammlung brachte er den Streitfall zur Sprache. Und damit vor die Öffentlichkeit der ganzen Welt. Mit der Absicht, die italienische Regierung zu bewegen, einzulenken. Man verhandelte neu. 1972 trat dann das überarbeitete Statut zur Autonomie Südtirols in Kraft. 1992 bestätigte die italienische Regierung der österreichischen Regierung den Vollzug der Autonomie. Auch der Optionskalender sei in vollem Umfang realisiert. Die Region «Trentino-Südtirol» übergab alle Kompetenzen, die sich aus dem Status ergaben, an die beiden Provinzen Trient und Bozen. Der Status hat Verfassungsrang. Südtirol kann eigene Gesetze erlassen. In den Bereichen öffentliche Ämter, Raumordnung, Handwerk, Messen und Märkte, Jagd- und Fischereiwirtschaft. Kommunikations- und Transportwesen, Fremdenverkehr, Gastgewerbe, Schulen und Kindergärten. Was in der Bundesrepublik schon seit 1949 selbstverständlich, war in Südtirol erst 1992 Realität. Seit 2001 schränken EU-Gesetze gewisse Regelungen punktuell ein. Wie in allen EU-Staaten. Zum Ausgleich für finanzielle Nachteile erhalten italienische Regionen mehr Steuerbefugnisse auf lokaler Ebene. Südtirol ist Nettozahler zum italienischen Staatshaushalt. Aber ein Großteil der gezahlten Steuern fließt an die Provinzverwaltung zurück. Amo Kornpatscher, Landeshauptmann und Verwaltungschef Südtirols, freut sich. Sein Staatshaushalt beträgt z. Zt. 5,3 Milliarden Euro netto. Zur Information: Der österreichische Landeshauptmann ist der oberste Beamte wie ein Regierungspräsident in BRD-Ländern.

Noch eine Eigenheit: Der Anteil Deutschsprechender Abgeordneten dominiert das Südtiroler Parlament. Gesetzlich vorgeschrieben ist, dass beide Sprachen gemäß ihrem Proporz im Land vertreten sind. Dadurch wird eine Alleinregierung der

SVP verhindert. Gut, könnte man sagen, alles in Ordnung. Gäbe es nicht schon wieder andere Tendenzen.

Aktuell wollen Politiker der rechtspopulistischen FPÖ in Österreich das Rad zurückdrehen. Provozieren die Regierung in Rom, mit dem Vorschlag, Südtirolern die doppelte Staatsbürgerschaft zu verleihen. Italiener und Österreicher zu sein. Mit dem Hintergedanken, Südtiroler, immer schon aufmüpfig, wollen im wiedervereinten Tirol leben. Wie Deutschland nach 1989. Noch ist Rom verschnupft. Südtirol wird bleiben was es ist.

Vatikan

Bei seiner Gründung im 4. Jahrhundert «Patrozinium Petri» genannt, auch ein Territorium, um das bis 1929 gekämpft wurde. Der anfänglich kleine Grundbesitz der Römisch-katholischen Kirche vergrößerte sich durch Schenkungen. Zahlreiche Güter in Mittel- und Süditalien bis nach Sizilien vergrößerten das Patrozinium. Sodass der Bischof von Rom um 600 zu einem der größten Grundbesitzer Italiens avancierte. Unter Papst Gregor I. bekam das «Patrozinium Petri» den Charakter eines Herrschaftsgebildes. Wie das von Herzögen und Königen dieser Zeit. Die Päpste beriefen sich auf eine Urkunde Kaiser Konstantins und erhoben den Anspruch auf eine unabhängige geistliche und weltliche Landesherrschaft.

Obwohl 1440 Lorenzo Valle die Urkunde als Fälschung entlarvte, blieb dieser Anspruch noch Jahrhunderte lang Grundlage des päpstlichen Selbstverständnisses.

Anfang des 8. Jahrhunderts kam es zu Auseinandersetzungen mit dem König der Langobarden und den Kaisern von Byzanz. Etliche Besitzungen gingen verloren. 728 schenkte der Langobarden-König Luitprant Papst Gregor II. die Stadt Sutri und andere Orte, nachdem er sie den Byzantinern weggenommen hatte. Als sein Nachfolger sich aufmachte,

Ravenna und Rom zu erobern, rief der Papst die Franken zu Hilfe. Ihr König Pippin III., gut katholisch, sprach dem Papst neue kirchliche Territorien zu: den Verwaltungsbezirk Rom, das Exarchat Ravenna, Pentapolis, Tuszien, Venetien, Istrien und die Herzogtümer Spoleto und Benevent.

Die Krönung Karls des Großen, Pippins Sohn, zum Kaiser am Weihnachtstag 800 gilt als Gründungsdatum des «Heiligen Römischen Reiches Deutscher Nation». Legale Nachfolgerein des antiken Römischen Reiches. Der Kaiser sah sich in der Pflicht, seine Völker zu christianisieren. Dem Papst in Rom zu Hilfe zu eilen bei Gefahr durch Dritte. 962 bestätigte Kaiser Otto I. die Schenkung Pipppins. Im15. Jahrhundert kamen weitere Gebiete hinzu. Parma, Modena, Bologna, Ferrara, Romagna und Perugia. Unter dem Papst Julius II 1503/15 hatte der Vatikanstaat seine größte Ausdehnung.

Ab dem 16. Jahrhundert sank die Bedeutung des Kirchenstaates als territoriales Herrschaftsgebilde. Die Päpste konnten sich nicht militärisch gegen Besitzansprüche anderer Herrschaften wehren. Die Großmächte Europas mussten eingreifen. Im Verlauf der Französischen Revolution und Napoleons Herrschaft über Europa 1786 verkleinerte sich der Kirchenstaat zusehends. Bologna und Ferrara werden Teil des neu gegründeten «Cispadanien». Vorläufer des «Padaniens» der 1990er Jahre.

Vatikan, der weltliche Besitz der Römisch-Katholischen Kirche. Ein Gebilde, das Größe und Grenzen, seinen Namen im Laufe der Jahrhunderte oft wechselte. Seit 1929 in heutigen Grenzen rechtlich abgesichert. Ca. 1000 Einwohner. Regierungssitz Rom. Im Bild die maximale Ausdehnung um 1500.

1798 wurde in Rom die «Römische Republik» ausgerufen, die aber schon nach einem Jahr nicht mehr existierte. Papst Pius VI. starb als Gefangener französischer Revolutionäre in Avignon. Sein Nachfolger Pius VII. konnte nicht wie zuvor in Rom gewählt werden, das Conclave musste in Venedig stattfinden. Mit diplomatischem Geschick konnte er mit Napoleon einen politischen Ausgleich erreichen. Er führte 1801 zur Wiederherstellung des Kirchenstaates. Das «Konkordat», rechtsverbindliche Übereinkunft mit Napoleon, sicherte seinen Bestand. Der aber verlangte, dass der Papst während der Krönungszeremonie in «Notre Dame de Paris» die Kaiserkrone segnete. Dabei war, wenn er sie sich selber auf den Kopf setzte. Der sakrale Charakter sollte der Krönung Würde und den Respekt der ganzen Welt verleihen.

Wenige Jahre später brauchte Napoleon einen Bündnispartner. Bat den Papst, sich ihm anzuschließen gegen England. Der Papst aber weigerte sich und ein Konflikt entstand. Französische Truppen besetzten im November 1807 die Vatikanstadt, im Februar 1809 Rom. Am 7. Mai desselben Jahres erklärte Napoleon in Wien, Papst Pius VII. habe aufgehört als weltlicher Herrscher zu regieren. Was de facto bedeutete, Frankreich annektierte den Vatikanstaat. Am 10. Juni 1809 wurde der säkularisierte Vatikanstaat Teil des französischen Kaiserreiches einschließlich der französischen Besitzungen im Königreich Italien. Papst Pius VII. behielt nur die Oberhoheit als geistlicher Herrscher. Er protestierte und sprach über alle, die daran beteiligt waren, den Kirchenbann aus.

Wenige Tage nur und bewaffnete französische Truppen unter General Etienne Radet drangen in den Quirinalpalast ein und verhafteten den Papst und seinen Staatssekretär. Internierten Pius. Napoleons Sohn erhielt bei seiner Geburt 1811 den Ehrentitel: König von Rom. Nach dem Sturz Napoleons 1814 kehrt der Papst nach Rom zurück. Auf dem «Wiener Kongress» wurde neben den Friedensverhandlungen auch der Kirchenstaat wiederhergestellt. In den Grenzen von 1797, aber ohne die französischen Enklaven.

In dieser Zeit verfügte der Kirchenstaat über eine Armee von ca. 9100 Mann. Und zwei Fregatten im Hafen von Civitavecchia. Es dauerte nicht lange, und der Kirchenstaat hatte einen denkbar schlechten Ruf. Er sei ein Hort von Misswirtschaft, reaktionärer Gesinnung und Unterdrückung. Wie sie in Polizeistaaten üblich sei. Giacomo Puccini thematisierte diesen Zustand in seiner Oper «Tosca».

Mitte 1800 äußerte sich Papst Pius IX. anfänglich positiv zu neuen liberalen Strömungen. Sympathisch den Liberalen und Nationalisten des Risorgimento, die Italien zu einer Nation machen wollten. Die Revolutionen der 1848/49er Jahre brachten Unruhe bis ins Zentrum von Rom. Im Kirchenstaat wurde die «Römische Republik» ausgerufen. Der Papst musste am 9. Februar 1849 fliehen. Erst das Eingreifen Frankreichs und Spaniens beendete den Streit. Der Kirchenstaat wiederhergestellt.

Ab da verfolgte Papst Pius IX. eine rechtsnationale Politik, orientiert an der Österreichs. Den Kirchenstaat zu erhalten. Als Österreich dann im Krieg 1859 mit Frankreich, Sardinien und Piemont verlor, konnte es auch nicht mehr Schutzmacht des Kirchenstaates sein. Frankreich nur noch bereit, Latium um Rom und den Rest des Kirchenstaates militärisch zu schützen. 1860 schloss sich der Kirchenstaat dem Königreich Italien an. Giuseppe Garibaldi, Guerillakämpfer und Vorkämpfer der Einigung Italiens, versuchte 1867 auch Rom im Handstreich zu erobern. Scheiterte aber am Widerstand päpstlicher und französischer Truppen.

Als 1870 Preußen Frankreich den Krieg erklärte, zog man die französischen Truppen aus dem Kirchenstaat ab. Italienische Truppen unter König Viktor Emmanuel II. besetzten ohne nennenswerten Widerstand den Kirchenstaat. Entmachteten den Papst politisch. Nicht lange danach war Rom die Hauptstadt Italiens.

Im selben Jahr noch zogen alle kirchlichen Behörden aus dem ehemaligen Kirchenstaat in die Vatikanstadt. Das neue kleinere Staatsgebilde in den «Lateran-Verträgen» 1929 mit Staatschef Mussolini geklärt und rechtlich abgesichert. Demnach beschränkt sich das weltliche Territorium der Römisch-Katholischen Kirche auf den geografischen Bezirk der «Vatikanstadt». Erhielt volle Souveränität und den internationalen Status eines eigenen Staates. Bis heute ist die äußere Macht der Kirche geschrumpft auf ein Minimum. Was hoffentlich den inneren Qualitäten zugutekommt. Den Auftrag im Sinne des Gründers zu erfüllen. Der Streit um Zuständigkeit der Instanzen oder Pflichten für weltweit 2,2 Milliarden Katholiken beigelegt wird eines Tages. Papst Johannes Paul II. und Franziskus Wegbereiter zu einer versöhnlichen Kirche? Die den freien Willen des Individuums respektiert. Bei Zuwiderhandlungen nicht mit Inquisition oder ewiger Verdammnis droht. Er machte sich lächerlich.

Venetien

Eine Region im Nordosten Italiens. 13,6 km² groß mit 4,9 Millionen Einwohnern in sechs Provinzen: Belluna, Padua, Rovigo, Treviso, Verona und Vicenza. Die Region grenzt im Osten an Julisch-Venetien. Im Westen an die Lombardei. Im Nordzipfel an das österreichische Tirol und Kärnten. Geografisch gegliedert in die Alpenzone mit den Dolomiten. Eine weit reichende Hügel-Landschaft. Gardasee und Adria mit 150 km langer Küste. Die größten Städte sind Venedig, Padua und Verona mit 200.000 und mehr Einwohnern.

Historisch war Venetien die längste Zeit identisch mit der «Republik Venedig». Ab 1792 wechselten die Zugehörigkeiten aufgrund der Koalitionskriege zwischen Frankreich und Österreich. 1868 nach der Einigung eine Provinz Italiens. Gegen Ende des ersten Weltkrieges schlossen Österreich und Italien nach jahrelangen Kämpfen an ihrer Grenze den Waffenstillstand von «Villa Giusti». Gleichzeitig mit der Annexion Südtirols durch Italien wurden die Gemeinden Cortina d' Ampezzo, Livinallongo und Colle Santa Lucia Venetien zugeschlagen.

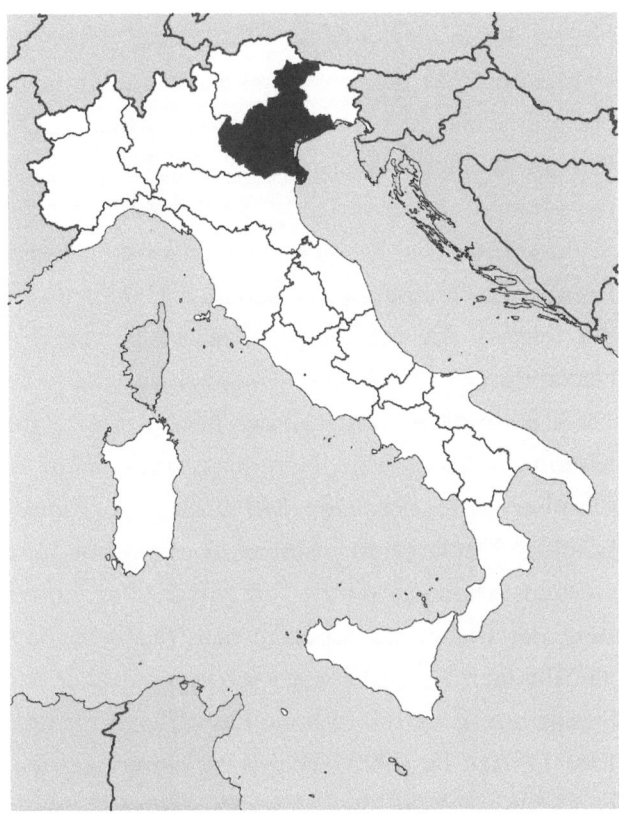

Venetien, historisch eine der ältesten Republiken. Kulturell
und wirtschaftlich von großem Einfluss für den Wohlstand
in Europa. Seine Hauptstadt Venedig heute Ziel von Tou-
risten aus aller Welt. Ca. 2,3 Millionen Einwohner.

Gegen Ende des zweiten Weltkrieges zwischen 1943 und 1945 gehörte Venetien zur «República Social Italiana» RSI, italienische Sozialrepublik. Die Provinz Belluno kurzerhand der deutschen «Operationszone Alpenvorland» einverleibt. In der Schlussphase des Krieges bombardierten alliierte Bombengeschwader viele Städte und Hafenanlagen der Region. Am schlimmsten traf es Treviso, Vicenza, Padua und Verona.

1963 erschütterte kein Krieg, kein Attentat die Region. Sondern eine Naturkatastrophe. Am 9. Oktober löste sich eine 270 Millionen Tonnen schwere Flanke vom «Monte Toc». Geröll und Gesteinsmassen rutschten vom fast 3000 m hohen Berg der Belluneser Alpen in den Vajant-Stausee. 25 Millionen Tonnen Wasser schwappten über den Staudamm. Eine 160 m hohe Flutwelle vernichtete fünf Dörfer. Fast 2000 Menschen kamen ums Leben. Eine der größten Natur-Katastrophen, die Europa bis dahin erlebte. Immer noch kommt es in Venetien zu Natur-Katastrophen.

Überschwemmungen in der Po-Ebene. Der Meeresspiegel steigt in Venedigs Kanälen, überflutet Straßen und Gassen. In den Häusern und Palästen die Keller und Untergeschosse abwechselnd unter Wasser, dann wieder trocken. Die Bausubstanz gefährdet. Eichenpfähle, auf denen die Gebäude stehen, faulen. Weil Sauerstoff eindringt, wenn das Wasser sinkt. Eine weitere Gefahr verschlimmert das Problem: der sandige Meeresboden sinkt. Projekte, das Meerwasser mit künstlichen Dämmen abzuwehren, scheiterten bisher an den Kosten und am Widerstand von Umweltschützern. Sie befürchten schlimme Auswirkungen für das Ökosystem der Lagune. Auseinandersetzungen zwischen Venedig und Rom über Zuständigkeit und Finanzierung dauern an.

Weiter wachsender Tourismus spült Millionen in die Kasse. Aber 30 Millionen Besucher im Jahr belasten die Stadt. Verschwenden das knappe Wasser, belasten Brücken, blockieren den Verkehr, strapazieren die ohnehin marode Infrastruktur. Eines der berühmtesten Zentren von Kunst und Selbstverwaltung in höchster Gefahr. Jahrhundertealte Tradition droht unterzugehen. Überwiegend ältere Menschen bleiben, die jungen wandern ab. Immer mehr verlassen ihre Familien und Häuser. Ziehen in andere Städte. Nicht wenige als Facharbeiter ins Ausland. Adelige vermieten ihre Paläste an Kultureinrichtungen. Andere stehen leer und faulen vor sich hin. Noch glänzt «Serenissima» in den Prospekten. In Büchern und Filmen. Dokumentationen aber schildern bereits das Problem. Mit erhobenem Zeigefinger.

Zurück zur Lage Venetiens nach dem letzten Krieg. Es änderte sich die Struktur der ganzen Region. Bis dahin von kleinbäuerlicher Landwirtschaft geprägt, entwickelten sich Industrie und Dienstleistungen. Venetien heute eine der fortschrittlichsten Regionen Italiens. Dadurch attraktiv für viele Menschen in anderen Regionen Italiens. Verstärkte Zuwanderung brachte neue Gewohnheiten, schwächte aber die traditionelle Lebensweise der Veneter. Erster Widerstand organisiert sich. Autonomie und Unabhängigkeit werden verlangt. Außer der «Lega Nord», die z. Zt. den Regierungspräsidenten Venetiens stellt, verlangen Gruppen die völlige Loslösung von Rom. In den Grenzen der historischen «Republica Venezia» zu Venedigs Glanzzeiten.

Am 28. November 2012 nahmen die Provinzregierungen den Regionalrat Venetiens mit 29 Ja- und 2 Neinstimmen und 5 Enthaltungen in die Pflicht. Verlangten von den Abgeordneten, sich für die Selbstbestimmung Venetiens einzusetzen. Auf internationaler Ebene mehr Druck auszuüben. Um ein Referendum abzuhalten. Ihr fernes Ziel: die Loslösung von Italien. Vom 16. bis 18. April 2014 fand diese Befragung statt. 89 % von 2,36 Millionen Wähler stimmten für die Unabhängigkeit Venetiens. Über die Hälfte der Einwohner von Venedig. Festhalten wolle man aber an EU und NATO.

Die letzte Befragung konzentrierte sich auf mehr Autonomie. Am 22. Oktober 2017 durchgeführt. Auch die nicht rechtsverbindlich wie die drei Jahre zuvor. Der Norden Italiens, vertreten durch prosperierende Lombardei und Venetien, forderten mehr Autonomie von Rom. Einen gerechteren Steuerausgleich und mehr Selbstbestimmung in Fragen von Sicherheit und Immigration. Beide Referenden verstoßen nicht gegen die Verfassung. Sind also ernst zu nehmen. Weil sie mehr Autonomie fordern und nicht Loslösung von Rom. Im Gegensatz zu Katalonien. Noch laufen Verhandlungen. Man wird sehen, was dabei herauskommt.

Vertriebene

Im Laufe der Jahrtausende haben Menschen, Groß-familien, Stämme, ja ganze Völker, ihre Heimat ver-lassen, nicht verteidigt. Aus den verschiedensten Gründen. Überpopulation zwang sie eine neue Heimat zu suchen, die sie ernährte. Umweltkatas-trophen oder feindliche Mächte, die sie aus ihren angestammten Räumen gewaltsam vertrieben. Oder vor denen sie flohen. Selbst hinter den Erobe-rungszügen der Goten, Vandalen, Hunnen z. B. standen Zwänge, ihre alte Heimat zu verlassen. Neben Machtgier und Größenwahn ihrer Könige und Heerführer.

Nach Ende des zweiten Weltkrieges wurden alle Staaten Ost- und Südosteuropas von der Sowjet-union gezwungen, den Kommunismus als Staatsre-ligion zu akzeptieren. Zunächst blieb ihnen nichts anderes übrig als zu parieren. Die Peitsche Mos-kaus im Rücken. Wirtschaftlich und militärisch abhängig. Dazu war das Gefühl, Rache zu nehmen groß. An denen, die ihnen unendliches Leid zuge-fügt hatten. Alle Deutschen also waren schuld. Am Krieg und den Verbrechen von Soldaten und Zi-vilpersonen auf ihren Eroberungszügen. Und der anschließenden Besatzungszeit. Dörfer niederge-brannt. Städte verwüstet. Kunstschätze geraubt.

Frauen vergewaltigt, Juden ermordet und alle, die nicht arisch waren zu Hilfsdiensten gezwungen oder ins KZ gesperrt.

Was war die notwendige Folge solcher Rachegelüste? Die deutschen Bewohner der kommunistischen Ostländer flüchteten, solange sie konnten. Andere enteignet und verjagt. Ostpreußen aus den von Russland requirierten, Polen wieder zurückgegebenen Gebieten. Ein Teil der Ostpreußen, Oberschlesier und Sudetendeutschen blieb. Unter nicht gerade menschenfreundlichen Bedingungen.

Oberschlesien

Auch diese deutsche Provinz mit wechselvoller Vergangenheit. Mal unter österreichischer Herrschaft, mal unter preußischer. Mal unter der Krone Böhmens. Wie andere nach dem ersten Weltkrieg der Sündenbock. Vor allem Franzosen wollten verhindern, dass Deutschland wieder groß, größer und zu einer Gefahr für Frankreich wird. Sie hatten es jetzt zum zweiten Mal erlebt. 1922 sollte das Volk abstimmen, zu wem es gehören will. Die Resultate sollten der Plebiszit-Kommission vorgelegt werden, bevor weitere Schritte eingeleitet würden.

Zwischen Kriegsende und Abstimmung kam es zwischen der polnischen Bevölkerung, die den Anschluss an Polen wünschten, und deutschen Polizisten zu gewaltsamen Auseinandersetzungen. Die verschärft wurden durch sogenannte Freikorps. Paramilitärische Organisationen, streng deutschnational ausgerichtet, bereit zu prügeln und zu schießen. Das Resultat des Referendums: 97,5% beteiligten sich an der Wahl. Beweis für die hochpolitische Bedeutung der Wahl. 59,5% plädierte für den Anschluss an Deutschland. Trotz massiver Propaganda blieb der Anteil der Polen mit 40,6% darunter. Die Stimmung im Lande entsprechend. Über die Konsequenzen aber musste die Kommission entscheiden.

Während Italiener und Engländer sich mit geringfügigen Änderungen begnügten, schlugen die Franzosen vor, Polen die wirtschaftlich wichtigeren Gebiete zu geben. Unwichtige dem deutschen Staat zu überlassen. Mit der Absicht, die deutsche Volkswirtschaft zu schwächen. Die Botschafter-Konferenz am 20. Oktober 1921 folgte der französischen Version. Im späteren Deutsch-Polnischen Abkommen in Genf regelte man die Verwaltungsangelegenheiten und versuchte einen gewissen Minderheitenschutz zu installieren. Der größere westliche Teil Schlesiens verbleibt bei der Weimarer Republik.

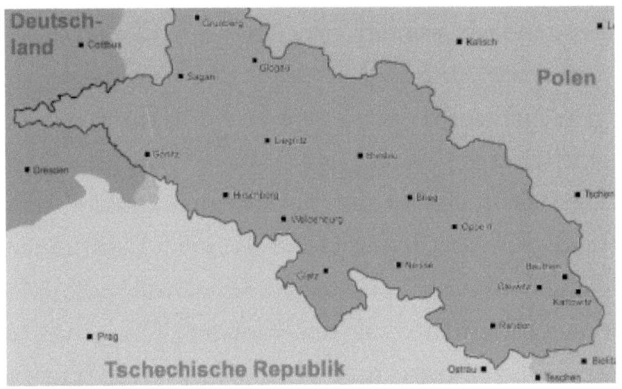

Im Bild ganz Schlesien ein Teil Polens, dessen rechte äußere Spitze Oberschlesien, in dem noch 60% der anfangs 5,6 Millionen deutschen Bewohner leben. In Niederschlesien nur noch 10%.

Am Ende des zweiten Weltkrieges 1945 wurde Oberschlesien von der Roten Armee erobert. Nieder- und Oberschlesien fiel unter polnische Verwaltung. Das kleine Hultschiner Ländchen die der Tschechoslowakei. Beides 1990 völkerrechtlich anerkannt. Zunächst kam es zu keiner Vertreibung, weil die Einwohner Deutsch und Polnisch sprachen. Außerdem beruflich hoch qualifiziert, sodass man sie nicht kurzfristig ersetzen konnte. Wer den Sprachen-Test bestand, durfte bleiben. Aber auch solche, die in wichtigen Industriezweigen unentbehrlich waren.

Letztendlich wurden etwa 40% der Oberschlesier vertrieben, nicht 90% wie in Niederschlesien. In großen Städten wie Oppeln und Katowice blieb eine deutsche Minderheit.

Die zurückgebliebene Bevölkerung musste während der kommunistischen Periode Diskriminierungen erdulden. Man wollte sie partout polonisieren. Wie Franzosen die Elsässer. Die deutsche Sprache verboten. Im öffentlichen Leben, Schulen, Kirchen, sogar im Privatleben. Man vermied jeglichen Kontakt mit der deutschen Sprache. Deutsch als Fremdsprache durfte nicht mehr unterrichtet werden. Man konnte sich nur heimlich Deutsch unterhalten. Immer in der Angst erwischt und bestraft zu werden. So verlernten bis zu drei Generationen die Sprache ihrer Eltern, Großeltern und Urahnen.

Erst 1988, 43 Jahren nach dem Verbot wurde in der Kapelle auf dem Annaberg eine katholische Messe gefeiert. Einer zweisprachigen Stadt in der Provinz Oppeln. Illegal natürlich. Der größte Teil der oberschlesischen Minderheit lebt in Polen, besonders im Kreis Oppeln. Etwa 350.000 sind es mit einem Doppelpass. 95% sind römisch katholisch. 1990, nach der Wiedervereinigung beider Teile Deutschlands erkannte die BRD die Oder-Neiße-Grenze an.

Eine Autonomie-Bewegung entstand 1990, nach dem Zusammenbruch des Ostblocks. Sie wollen die reiche Tradition wiederbeleben. Die deutsche, aber auch die polnische der zweiten Republik vor dem zweiten Weltkrieg. Ihrs Absicht ist es, aus der Vergangenheit zu lernen. Ihr Ziel die Selbstverwaltung zu stärken. Besonders in den für Deutsche wichtigen Provinzen Opolskie und Slaskie effektiver zu machen. Es bleibt abzuwarten, wann und wie es realisiert wird.

Ostpreußen

war jahrhundertelang ein Teil Preußens. Von 1871 - 1945 der östlichste Landesteil Deutschlands mit ca. 2 Millionen Einwohnern. Dreiviertel der Bevölkerung lebte von der Landwirtschaft. Praktisch regiert von adeligen Grundbesitzern. Den Fürsten von Drohna, den Grafen von Finkenstein und Dönhoff mit großen Ländereien. Schon um 1900 ließen sie moderne Agrartechniken entwickeln, ein Drainage-System. Mit dem die zahlreichen Moore trocken gelegt und fruchtbares Ackerland gewonnen wurde. Nach dem ersten Weltkrieg beschlossen die Siegermächte 1918 im Vertrag von Versailles, große

Teile Westpreußens vom deutschen Reichsgebiet zu trennen und Polen zu geben. Ostpreußen durch einen 50 -90 km breiten Korridor zu trennen. Um Polen einen Zugang zur Ostsee zu verschaffen. Ostpreußen abgeschnitten, geriet in der Weltfinanzkrise 1928 in wirtschaftliche Notlage. Preise verfielen, Kartoffel und Getreide teurer, höhere Steuern hätten Lebensmittelknappheit, Hunger und Elend für die Menschen bedeutet. Vielen Gutshöfen drohte der Bankrott.

Die Regierung in Weimar beschloss das Nothilfeprogramm «Osthilfe». Ähnlich dem der Bundesrepublik für die ehemaligen Ostgebiete nach der Wiedervereinigung. Niedrigere Steuern, Kredite mit niedrigen Zinsen, Zuschüsse zu Frachtkosten für Großbetriebe. Die Verluste hielten sich in Grenzen.

Während der Nazizeit war Ostpreußen ein beliebtes Reiseziel. Die Festung Tannenberg und ihr Mythos passte dem Führer ins Konzept. Nach dem ersten Weltkrieg erbautes Denkmal für die Gefallenen des «Deutsch-Ritter-Ordens» gegen Litauen 1410. Von Kriegsveteranen angeregt, von General Kahn realisiert. Von Präsident Hindenburg eingeweiht. Demselben, der Hitler an die Macht verhalf.

Im Russland-Feldzug der Nazi-Armeen 1941-1944 war in Ostpreußen die Befehlszentrale etabliert. Das Führerhauptquartier in der geheimgehaltenen «Wolfsschanze». In der Graf Stauffenberg versuchte, Hitler umzubringen. Was misslang. Mit schlimmen Folgen für ihn selber und Gleichgesinnte in Berlin und überall an den Fronten. Alle bald danach erschossen.

Weil die Propaganda der Nazis bis zum Schluss den Endsieg prophezeite, versäumten die Behörden Ostpreußens die Evakuierung der Bevölkerung rechtzeitig einzuleiten. Die rote Armee überrollte das Land. Völlig überrumpelt flüchteten die Menschen. Überstürzt ließen sie ihr Haus mit allem, was sie besaßen zurück. Von ca. 2,5 Millionen gelang ca. 1,4 Millionen Menschen die Flucht. Unter widrigsten Umständen. Minus 30° Celsius, nur wenige taugliche Fahrzeuge, die ohnehin in Eis und Schnee stecken blieben. Immer wieder gerieten Flüchtlingsströme zwischen die Fronten. Feuergefechte, Fliegerangriffe, Minen neben der Kälte kostete 311.000 Menschen das Leben. Von 10.000 Flüchtlingen auf dem umfunktionierten Kreuzfahrtschiff «Wilhelm Gustlow» fanden fast alle den Tod im der eiskalten Ostsee. Als Torpedos eines sowjetischen U-Bootes sie nacheinander trafen, bis sie sank.

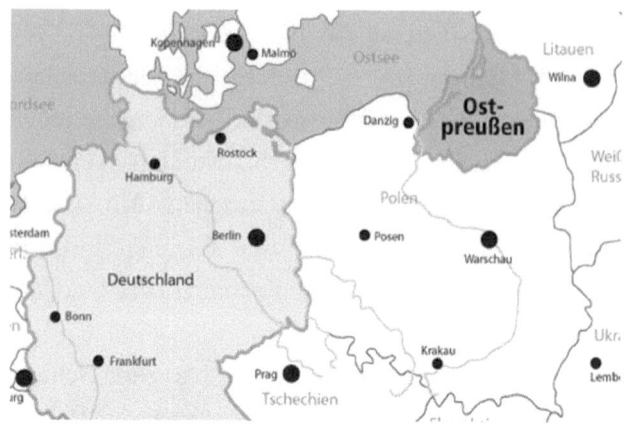

Ostpreußen, die ehemals östlichste deutsche Provinz Deutschlands mit c. 2,5 Millionen Einwohnern. Hauptstadt Königsberg.

Nach Kriegsende wurde Ostpreußen von den Siegermächten England, Amerika und Sowjetunion aufgeteilt. Der nördliche Teil fiel an Russland. Der südliche an Polen. Ein kleiner Landkreis an die Tschechoslowakei. Die beiden großen Teilprovinzen entwickelten sich unterschiedlich. Im russischen Teil siedelte man Sowjetbürger an. Lockte sie mit dem Versprechen, sie würden Besitz und Geld erhalten, und bessere Lebensbedingungen haben. Aber fast alle Städte und Dörfer, Gutshöfe im Krieg zerstört. Die Siedler kannten sich nicht aus mit dem Abwassersystem. Zerstörten die Drainageleitungen und verbauten die Rohre in den Leitungen ihrer Häuser. Das Land vergammelte. Ca. 64% gingen enttäuscht zurück. Die blieben waren meist Angestellte der militärischen Behörden. Die bis Kriegsende ertragreiche Landwirtschaft am Ende. Man teilte Großbetriebe in kleinere Parzellen und schenkte sie Bauern. Weil sie kein Geld hatten, konnten sie sie nicht bewirtschaften. Folge: 50% arbeitslos, geschätzt.

Anders entwickelte sich der südliche Teil Ostpreußens unter polnischer Flagge. 1949 wurde das ehemals ostpreußische Ermland und Masuren den Provinzen Allenstein, Danzig und Bialystok zugeteilt. Ca. 3 Millionen Bürger aus Zentral-Polen und ca. 2 Millionen Vertriebene aus dem ehemals polnischen Westpreußen mit Posen ließen sich hier nieder. Etwa 45.000 Oberschlesier und Masuren konnten bleiben, wenn sie ihren deutschen Namen ablegten und nicht mehr Deutsch sprachen. Mit der Zeit besserte sich die wirtschaftliche Lage. Der Ostblock zerbrach.
Ermland und Masuren entwickelten sich touristisch. Unzählige Seen und unberührte Landschaften lockten Feriengäste aus westlichen Ländern an. Seitdem Polen Mitglied der EU ist, fließen Fördergelder

nach Ermland und Masuren. Neue Wirtschafts-
zweige entstanden im Dienstleistungs- und digita-
lem Bereich. Das Leben normalisiert sich. Geflohe-
ne und vertriebene Deutsche besuchten ihre alte
Heimat. Tränen in den Augen. Ihre Heimatverbän-
de feierten das Glück später Tage. Die Kinder, inzwischen Münchener, Düsseldorfer oder Hambur-
ger, verbringen Ferien dort. Im Land ihrer Eltern
und Vorfahren. Enkel sind mittlerweile nur noch bei
sich zuhause, Luise, Achim oder Lena. Nicht das
Schlechteste. Das Sicherste allemal, aus dem man
nicht vertrieben werden kann. Ist, der man ist ein
Leben lang. Verpflichtet, es weiter zu entwickeln.

Sudetenland

Der Name eine behelfsmäßige Bezeichnung für
nicht zusammenhängende Gebiete entlang der
Grenze der damaligen Tschechoslowakei. Deutschlands und Österreichs andererseits. Die «Sudeten»,
ein Gebirgszug gab ihnen den Namen. Germani-
sche Stämme und Slawen besiedelten in der Völkerwanderung das Gebiet schon früh. Im 12. und
13. Jahrhundert wanderten viele Deutsche ein.
Blieben aber an den Rändern des damaligen Kö-

nigreiches Böhmen und Mähren. Brachten ihre Stadtkultur mit. Mit Handwerkern, Zünften und dem für sie wichtigen Stadtrecht. Einige ihrer Gebiete waren bis zum 30jährigen Krieg mehrheitlich von Tschechen bewohnt.

Kriegsfolgen, Hungersnöte, Seuchen, die Pest reduzierten die Bevölkerung. Die Regierung sah sich gezwungen, neue Siedler, auch Deutsche anzuwerben. Bis 1806 gehörten Böhmen und Mähren mit ihren Randgebieten zur «Donaumonarchie». Folglich zum «Heiligen Römischen Reich Deutscher Nation». Die Deutschen in diesen Kronländern schätzten die Vorherrschaft des Deutschtums in Österreich. Obwohl sie in der Minderheit waren. Als sich 1918/19 die Donaumonarchie auflöste und die Republik Österreich wurde, hatte sich ebenfalls die Tschechoslowakei konstituiert. Die deutschen Bewohner planten sich in vier Provinzen zusammenzuschließen: Deutschböhmen, Böhmerwaldgau, Deutsch-Südmähren und Sudetenland.

Am 14. Februar 1919 fanden Wahlen zur Nationalversammlung statt. Deutsche wurden von Tschechen daran gehindert, diese Wahlen in ihren Gebieten durchzuführen. Demonstrationen folgten, beriefen sich auf das Selbstbestimmungsrecht der Völker. 56 Tote blieben auf der Strecke. Der

Vertrag von Saint Germain bei Paris bestätigte die Souveränität der Tschechoslowakei auch in den strittigen Gebieten.

Ihre Bevölkerung gestand man einige Minderheitsrechte zu, aber keine regionale Autonomie. Die Spannungen nahmen nicht ab. Als Konrad Henlein am 1. Oktober 1933 die «Sudetendeutsche Partei» SdP gründete, fand sie sofort starken Zulauf. Anfangs setzte sie sich für größere Autonomie ein. Später orientierte sie sich an nationalsozialistischem Gedankengut. Als die Prager Regierung den

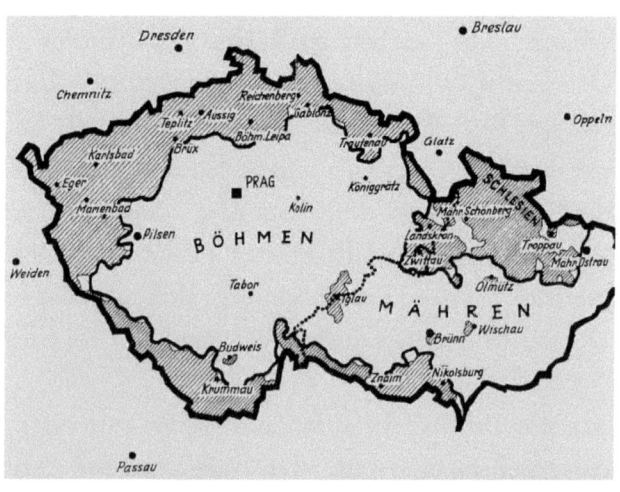

Sudetenland, mehrere Provinzen entlang der ehemaligen Grenzen zu Deutschland, Österreich Tschechoslowakei. 1937 2,94 Millionen Einwohner:

Grenzregionen notwendige Wirtschaftshilfe und Beschäftigung in staatlichen Behörden verweigerte, gewann die SdP rasch die absolute Mehrheit.

Zur gleichen Zeit kündigte Hitler den Oberbefehlshabern der deutschen Wehrmacht an: „Wir werden nach der Heimholung Österreichs die Tschechoslowakei militärisch auf die Knie zwingen und das Sudetenland heim ins Reich holen". Die Regierung unter Edvard Beneš im Zugzwang. Ließ mobil machen. Gestand aber unter Druck am 21. September 1938, die Grenzgebiete an Deutschland abzutreten. Am 14. April 1939 wurde für 2,94 Millionen Sudetendeutsche in 3.167 Gemeinden der «Reichsgau Sudetenland» aus der Taufe gehoben. Einen Monat vorher hatten deutsche Truppen den Rest der Tschechoslowakei besetzt. Böhmen und Mähren zum Protektorat erklärt. Der zweite Weltkrieg brach aus.

Noch während des Russlandfeldzuges der Deutschen einigten sich die provisorische tschechoslowakische Regierung, De Gaulle, England und Amerika, um das deutsche Problem ein für alle Mal zu lösen. Nach dem Krieg sollten alle deutschen Minderheiten in Mittel und Osteuropa nach Deutschland transferiert werden. Da, wo es notwendig und wünschenswert erscheint.

Nach Kriegsende begann die Tschechoslowakei Deutsche zu enteignen und zu entrechten. Die ihre antifaschistische Gesinnung nicht zweifelsfrei nachweisen konnten, wurden mit einem N gekennzeichnet N für «Němc» gleich Deutscher. Zwangsweise ausgesiedelt. Andere in Arbeitslager gesteckt. In Kohlegruben zu arbeiten, Gradieranlagen und auf Bauernhöfen. Ohne Lohn bei minimaler Verpflegung. Erinnert bei allem Verständnis für Rachegelüste an die Methoden der Nazis bei Juden, Kriegsgefangenen und Widerständlern. Insgesamt überlebten 3 Millionen Sudetendeutsche. Das deutsche Bundesarchiv geht von 60-70.000 Toten aus.

Der sudetendeutsche Kolumnist Leopold Grünwald schrieb: *„Die Vertreibung der Sudetendeutschen wurde mit der Kollektivschuld der Deutschen begründet. Ohne zu erwähnen, dass die Zahl der Opfer des Widertands gegen die Nazi-Diktatur höher war als die in Österreich und Deutschland".*

1997 vereinbarten die Bundesrepublik Deutschland und die Tschechei ihre gegenseitigen Beziehungen zu entspannen. Nicht erst heute treffen sich viele Sudetendeutsche und Gäste einmal im Jahr auf dem «Sudetendeutschen Tag». Anfangs überschattet von Trauer und Wut über das an ihnen geschehene Unrecht. Heute suchen alle Verständigung und friedlich zusammenzuarbeiten. Freundschaftliche Kontakte entstehen zwischen tschechischen Politikern und sudetendeutschen Organisationen. Kulturschaffende in Tschechien beschäftigen sich mit der Aufarbeitung der gemeinsamen Geschichte. Partnerschaften entstehen zwischen Städten und Vereinen. Am 15. Juni 2016 besuchte erstmals ein tschechischer Minister den Sudetentag. Begann seine in Deutsch gehaltene Ansprache mit: „Liebe Landsleute . . . "

Das Saarland

hätte auch eines sein können, dessen deutsche Einwohner nach der Übernahme Frankreichs vertrieben wurden. Jedoch beide, Frankreich und Deutschland, vor allem die Saarländer selbst haben es verhindert. Sie sind seit eh und je frankophil. Lieben französische Lebensart und ihre deutsche Herkunft gleichermaßen. Ihr Land ist, wie das Elsass, zwischen zwei großen Staaten geklemmt. Mal dem, mal dem anderen zugehörig. Nicht ausgeschlossen, dass ihnen dieses Wechselspiel gefiel. Getreu dem Motto: laissez faire. Nach dem ersten

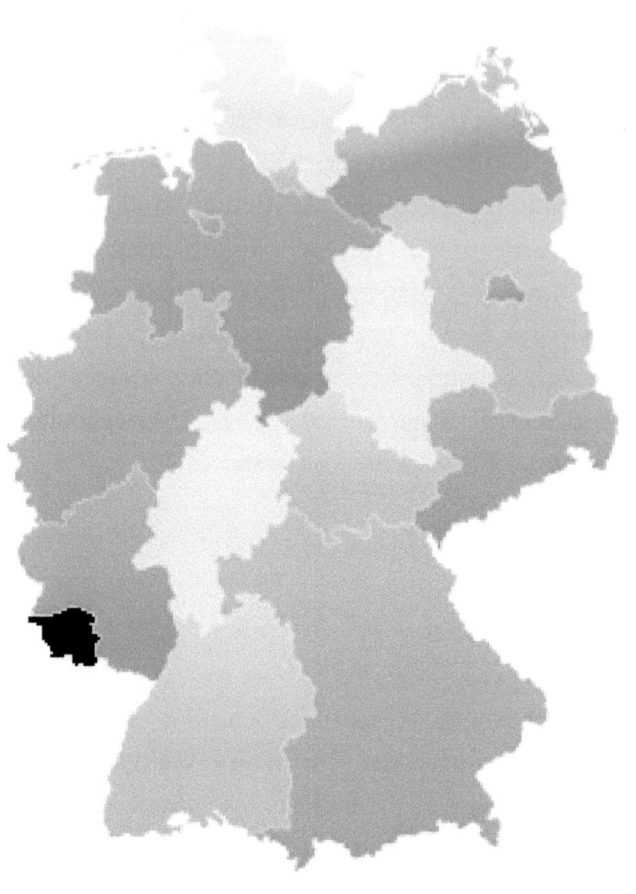

Das Saarland, kleinste Region Deutschlands mit knapp einer Million Einwohner. Landeshauptstadt Saarbrücken.

Weltkrieg 1918 musste das Deutsche Reich das Saarland an Frankreich abtreten. Als dann die Nazis 1941 Frankreich erobert hatten, war es wieder ein Teil Großdeutschlands. So hieß es damals großspurig. Nach 1945 wieder Französisch, wie das Elsass. Als ob es an seiner Kleinheit läge und nicht an der Größe anderer.

Aber das Volk hatte gesprochen. Eine Volksabstimmung ergab eine deutliche Mehrheit für die Wiedervereinigung mit Deutschland. Frankreich, Vorbild der Freiheit in Wort und Tat, akzeptierte das Ergebnis der Wahl. Der Wiedervereinigung mit Deutschland stand nichts mehr im Wege, 1955 war sie realisiert. Die Bürger des Saarlandes blieben, die sie waren all die Zeit: Frankophile Deutsche, die den saarländischen Dialekt ebenso gut beherrschen wie die französische Sprache.

Malta

im südlichen Mittelmeer gelegene Gruppe aus den drei Inseln Malta, Gozo, Comino könnte dazugehören. Alles begann wie überall und endete gut. Ihre Geschichte ist älter als die der bisher beschriebenen. Schon in der Steinzeit bewohnt. Tempelanlagen und Megalithe unsterbliche, wenn auch stark lädierte Zeugen. Römische Katakomben und imposante Wehranlagen des Maltheser-Ordens. Zeugnisse derer, die sie eroberten und die jeweiligen Vorbesitzer vertrieben. Darin unterschieden sich weder Römer, Byzantiner, Normannen, Araber noch Staufer und Spanier. Immer aber blieben etliche von ihnen auf der Insel, sodass sich im Laufe der Jahrhunderte ein Gemisch von Völkern und Rassen ergab. Wie bei allen Inseln im Mittelmeer.

Einzelheiten dieser Geschichte sollen jetzt keine Rolle spielen.

Bis auf die Tatsache, dass 1. Araber die heutige Sprache beeinflussten und 2. der Maltheser-Orden bis heute darauf pocht, er besäße immer noch die staatsrechtliche, völkerrechtliche Hoheit. Jedoch ohne Gebietsansprüche. Heute weltweit aktiver Dienstleister im Sanitätswesen. Dessen Mitglieder aus allen Völkern der Erde kommen. Zur Geschichte:

Der Habsburger König von Spanien Karl V. übergab die Inseln 1530 dem Orden des Heiligen Johannes zu Jerusalem, Rhodos und Malta. Der «Johanniterorden» nannte sich ab da «Maltheser-Orden». Verstärkte die Befestigungsanlagen am Hafen und verteidigte die Inseln gegen osmanische Angriffe. Bei der langwierigen Belagerung 1565/66 gründeten sie die Festungsstadt Valetta. Genannt nach dem damaligen Großmeister des Ordens Jean Parisot de la Valette.

1798 wich der Maltheser-Orden den französischen Revolutionstruppen. Rief die Briten um Hilfe, die daraufhin den Hafen des von Franzosen geplünderten Archipels blockierten. Als 1800 die Franzosen abziehen mussten, weil sie anderswo dringender gebraucht wurden, stationierten die Briten ein Regiment in Valetta. 1814 wurde die Inselgruppe britische Kronkolonie.

Im zweiten Weltkrieg war Malta „unversenkbarer" Stützpunkt der britischen Luftwaffe. Die half, den Vormarsch des deutschen Afrika-Korps letztendlich zu stoppen. Zum Dank verlieh der britische König 1942 der Bevölkerung Maltas das «Georgskreuz». Heute Kennzeichen der Flagge Maltas. Malta konnte sich ab 1947 selbst verwalten. Und am 13. Dezember 1974 die parlamentarische Re-

publik ausrufen. Seit 2004 Mitglied der EU. 2008
löste der Euro die maltesische Lira ab.

*Malta, eine Republik mit drei Inseln. Geografisch zwischen
Sizilien, Tunesien und Nordafrika. ca. 425.000 Einwohner. Hauptstadt Valetta.*

Etwa 425.000 Einwohner, fast alle römisch-
katholischer Konfession. Als Staatsreligion in der
Verfassung verankert. Entsprechend rigide Gesetze, verglichen mit anderen Staaten. Keine Schei-
dungen möglich bis 2011. Immer noch Abtreibung
und Baden «oben ohne» bei Strafe verboten. Dafür

sieht man auf vielen Häusern Bilder von Heiligen. Kleine Hausaltäre sind Usus. Traditionell katholisch das Leben der meisten Einwohner.

Ist das Freiheit, von der alle träumen? Oder freiwillige Unterwerfung unter Lehre und Dogmen der Kirche? Jeder mag darüber nachdenken. Ebenso, ob er auf Malta eine Firma gründet, um Steuern zu sparen. Wissen sollte er, dass Malta die kleinste, unvorteilhafteste der Steueroasen ist. Malteserinnen und Malteser jedenfalls freuen sich, dass ihnen der Spagat gelingt: Dank niedriger Strompreise, Stadt- und Kultur-Tourismus können sie die Segnungen der Moderne genießen und gleichzeitig ihre Tradition pflegen.

Wales

Zwischen Großbritannien und Irland gelegener Teil des Vereinigten Königreiches. Mit ca. 3 Millionen Einwohnern. Eine der sechs Nationen keltischen Ursprungs. Wales hat eine ausgeprägte Vorgeschichte. Zahlreiche Megalithe und Menhire zeugen von selbstbewusster Mentalität. Und der Fähigkeit, bis zu 10 m hohe Steinblöcke zu bearbeiten und aufzurichten. Wissenschaftler arbeiten daran, Sinn und Bedeutung für die Gesellschaft damals zu entdecken. Es müssten mehr als nur Grenzpflöcke oder Orientierungszeichen gewesen sein. Vermutlich sind sie in der Zeit entstanden, als auch Werkzeuge aus Stein hergestellt wurden. Der sogenannte «Homo Sapiens» begann, sich eine eigene Welt zu schaffen. Bis man um 2200 v. Chr. Kupfer und Eisen bearbeiten konnte. Menhire findet man auch in der Bretagne, auf Malta und etlichen anderen Ländern.

Versuche der Römer, auch Wales zu erobern, scheiterten am Widerstand der Bevölkerung. Nachdem Angelsachsen sich im 5. und 6. Jahrhundert im Südosten Britanniens ausbreiteten, zogen sich viele Waliser nach Westen zurück. Ins heutige Cornwall und Wales. Dort versuchten sie lange an der katholischen Kirche festzuhalten. Und am Gebrauch der lateinischen Sprache. Doch die spätantike Kultur ging auch hier unter. Ältere Keltische Traditionen setzten sich durch.

Die Geschehnisse nach der Jahrtausendwende sind geprägt von Aufständen und Eroberungsversuchen. 1066 wollten Normannen nach England auch Wales erobern. Es scheiterte am Widerstand walisischer Fürsten im Auftrag des Königs von England. Erst «William the Conquerer» schaffte klare Verhältnisse. Wilhelm der Eroberer genannt, weil er mit Klugheit und Machtfülle ausgestattet, Wales 1068 endgültig für England eroberte. Noch heute ist der Britische Thronfolger «Prince of Wales». Bleibt es auf Lebenszeit, wie Charles, der Sohn Königin Elisabeths II.

Die strenge Herrschaft Englands forderte bald schon Rebellionen heraus. Erst 1409 endgültig beigelegt. Im «Act of Union» wird Wales als Grafschaft des Königreiches bestätigt. Es galt das englische Recht. Englisch die Amtssprache. Mit der Folge, das nur Walisisch sprechende Einheimische kaum Chancen hatten, an der Verwaltung beteiligt zu werden.

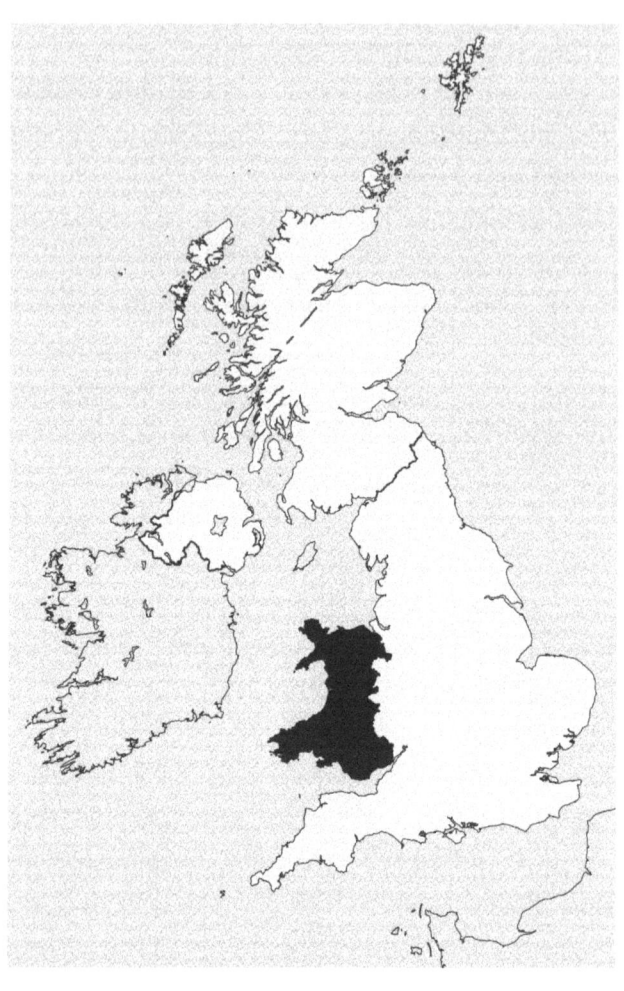

Wales, eine Region Großbritanniens. Zwei Jahrhunderte wirtschaftlich erfolgreich durch Abbau und Veredlung reicher Bodenschätze. 3 Millionen Einwohner. 22 Provinzen mit eigener Verwaltung. Hauptstadt ist Cardiff.

Die reichen Vorkommen von Kohle, Eisen, Kupfer, Kalk, Schiefer, Blei, Zink und Silber förderten die Industrialisierung in den letzten beiden Jahrhunderten. Mit ihr Vollbeschäftigung und Karrieren Tüchtiger in der Wirtschaft. Immer aber gab es noch Unruhen. Von anglikanischen Geistlichen angezettelt. Ihre Eingabe an das Parlament in London löste Proteste und Gewalttaten aus. Waliser seien faul und moralisch verdorben. Gehörten falschen Religionsgemeinschaften an und sprächen kein Englisch. Nicht verwunderlich, dass Wales zur Hochburg der Gewerkschaften avancierte. Mit außerparlamentarischen Streiks Mitbestimmung und Anteil am Produktionsvermögen zu gewinnen. Die Forderung von Sozialisten überall in der industrialisierten Welt. Mit ihnen führte auch religiös geprägter Widerstand zu immer mehr Aufständen. Militär griff ein. Menschen starben. Im 20. Jahrhundert gewann der Walisische Nationalismus immer mehr Sympathie und die Zustimmung der Bevölkerung.

Die Partei «Plaid Cymru» errang 1966 auf Anhieb ihren ersten Sitz im Parlament. Setzte sich ein für mehr Autonomie und die Wiederbelebung des Walisisch. Ihre Sprache sei noch lebendig. Eine wichtige Quelle der nationalen Identität. Im Norden und Westen wird Walisisch gesprochen. Nach einer Umfrage gibt eine große Mehrheit städtischer Bürger an, noch flüssig Walisisch zu sprechen. Auch wenn sie seit der Industrialisierung peu à peu zur Minderheitssprache degenerierte. Ihre Verfechter jedoch haben erste Erfolge. Seit 1993 sind Walisisch und Englisch gleichgestellt. Verkehrsschilder zweisprachig wie in Südtirol. Auch in Universitäten und anderen Bildungsstätten ist es möglich Walisisch zu sprechen. Das Verzeichnis berühmter Personen weist eine große Zahl Waliser auf. In Sport, Schauspiel, Literatur, Musik, Politik und bei Entdeckern auf. Catherine Zeta-Jones und Richard Burton, Oskar-Preisträger. David Lloyd George, der liberale Premierminister. Laura Ashley, Modedesignerin. Bertrand Roussel, Philosoph. George Everest, der als Erster den Gipfel des höchsten Berges der Erde im Himalaja erstieg. «Mount Everest» seitdem genannt.

Grund genug also, Wales ernst zu nehmen. Auch seine Bemühungen um mehr Autonomie. Denn Menschen mögen Menschen, die ihrem Land Ansehen verschaffen. Über die Grenzen ihrer Heimat hinaus.

Wallonien

Der seit der Gründung des Königreiches Belgien im 19. Jahrhundert schwärende Konflikt zwischen Flamen und Wallonen bestimmt die Politik bis heute. Treibt die Menschen um. Flamen im nördlichen Teil Belgiens sprechen Niederländisch. Wallonen im südlichen Französisch. Mehr als dreiviertel der Bevölkerung, als frankophon bezeichnet, spricht Französisch. Selbstredend in der Region Brüssel als Hauptstadt eine Mehrheit. Aber auch in den sechs Gemeinden auf Flämischem Gebiet, die an Wallonien grenzen. Was im 15. Jahrhundert zu Auseinandersetzungen und Krieg zwischen Niederländern und Spanien, später auch Österreich führte, wiederholt sich auf demselben Territorium. Zwischen Französisch und Flämisch sprechenden Volksteilen eines Staates.

Französisch dominiert wie damals Spanisch. Kein Wunder, dass Flamen sich benachteiligt fühlen. Das Problem heißt also Wallonien und Flandern. Beide also sehen sich benachteiligt. Kämpfen um mehr Autonomie und Unabhängigkeit vom anderen.

Nach 1830 war Französisch die alleinige Amtssprache. Auch für flämische Bewohner. Der Katholizismus zur Staatsreligion in der Monarchie erklärt. In Flandern erlaubte man den niederländischen Dialekt an Grundschulen. Ab der Sekundarstufe Französisch Pflichtfach. «Flämisch» war ein Schimpfwort im Alltag Walloniens. Der Adel und gebildete Kreise Flanderns sprachen Französisch.

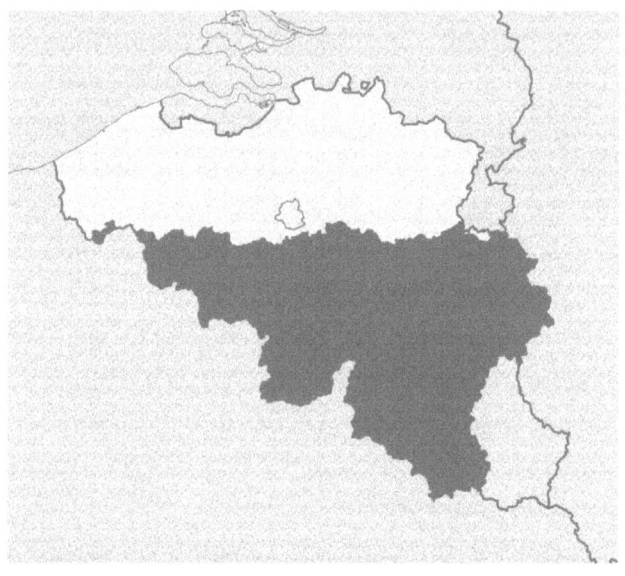

Wallonien, die südliche Hälfte des Königreiches Belgien. 2,3 Millionen Einwohner. Verwaltungssitz Namur.

Langsam entstand eine Flämische Protest-Bewegung «Vlamske Beweging». Ende des 19. Jahrhunderts begannen Politiker, wach gerüttelt, über die niederländische Sprache zu diskutieren. Sie als die Sprache eines Volksteils in Belgien zu definieren. Sie verbesserten die Lage. Bald waren beide Sprachen an der Sekundarstufe in Flandern erlaubt. Aber Ruhe herrschte in Belgien nicht. Nicht lange und wallonische Kräfte gründeten eine Gegenbewegung. Mit dem Ziel, die dominante Stellung des Französischen zu erhalten. Denn sie befürchteten, dass der zahlenmäßig weitaus größere Teil der flandrischen Bevölkerung die Übermacht gewinnen und sich überall durchsetzen könnte.

Noch eines gewann Bedeutung. Das agrarisch geprägte Flandern war weitgehend traditionell katholisch. Wallonien durch die Schwerindustrie antiklerikal und sozialistisch geprägt. War also der ganze Konflikt ein sozialer? Und kein religiöser? Flamen fordern, ihr Land aus Belgien herauszulösen und einen eigenen Staat zu gründen. Die Flämische «Vordinago» entwickelte ein nationalsozialistisches Parteiprogramm und Rituale, es sichtbar zu machen.

Dieser «Verbond van Dietsche Nationaalsolidaristen» bestand von 1931 bis 1949. Während der deutschen Besatzung im zweiten Weltkrieg kollaborierten sie mit den Deutschen. Wie auch die «Rexisten» Walloniens. Der Krieg verschärfte den

Konflikt. Flamen kämpften im Stellungskrieg an der Flandrischen Westfront. Ihre Offiziere sprachen Französisch. Flämisch leugneten sie. Befehle wurden von flandrischen Soldaten missverstanden. Ein Mythos entstand: Flämische Soldaten hätten deshalb in den Schützengräben sterben müssen. Der belgische König Leopold III. geriet in Kriegsgefangenschaft. Verhandelte mit den Nazis über die Zukunft seiner Dynastie.

Nach Kriegsende dafür heftig kritisiert. Aber eine Kommission entlastete ihn vom Vorwurf, ein Landesverräter zu sein. Die Bevölkerung wiederum zweigeteilt. 1949 stimmten die monarchistischen, katholischen Flamen mit 72 % für die Entlastung. 58 % der Wallonier dagegen. Ein Bürgerkrieg drohte auszubrechen. Leopold dankte 1951 zugunsten seines ältesten Sohnes Baudouin ab. Was nun?

Politiker aus mehreren Parteien setzten sich zusammen, um über das Problem der beiden Teile ihres Landes zu diskutieren. Und Lösungen zu finden, es zu entspannen. Möglichst für alle Zukunft. Flämisch und Französisch beide gleichberechtigte Amtssprachen. Die Gründung einer Universität im flandrischen Gent, in der seit 1950 auf Niederländisch gelehrt wird.

Die wirtschaftliche Lage in beiden Landesteilen änderte sich. Bisher war das mit Montan- und Textilindustrie gesegnete Wallonien reicher. Die Verlagerung von Kohle zur Petrochemie schwächte es. Während Flandern vom Boom in Dienstleistung profitierte. Viele Investoren gründeten Firmen. Flämische Arbeiter waren gut ausgebildet und forderten niedrigere Löhne. Antwerpen immer schon ein begehrter Umschlagplatz für Güter aller Art. In der immer weiter globalisierten Welt wichtiger denn je. Flanderns Bruttoinlandsprodukt holte auf. Schon 1966 erreichte es das von Wallonien.

Flandern wuchs weiter. Wallonische Stimmen meldeten sich. Die Schwerindustrie zu reformieren scheiterten. Der Wallonisch-Flandrische Konflikt bekam eine wirtschaftliche Komponente. Drohte zu eskalieren. Die Politik sah sich gezwungen, sofort Maßnahmen zu ergreifen, um einen Bürgerkrieg zu verhindern.

Das Maßnahmenpaket umfasste als erstes Gleichberechtigung beider Sprachen. Beide Landesteile in ihrer Identität bestätigt. Die Universität in Löwen hatte zwei Abteilungen. In denen in Niederländisch und Französisch gelehrt wurde. Die Flamen forderten eine, in der nur Niederländisch gesprochen wird und blieben in Löwen. Eine kluge Politik verlagerte die Französischsprachige Universität nach «Louvain-la-neuve», Neu Löwen. Eine neu gegründete Retortenstadt nahe Brüssel. Die erste Stadtgründung übrigens nach der von Charleroi 1666.

Insgesamt fünf Staatsgründungen haben aus Belgien einen föderalen Staat werden lassen. 1970, 1980, 1988/89, 1993, 2001-03. Den Bedürfnissen nach Unabhängigkeit zufolge war die Verwaltung Belgiens total zersplittert. Von einheitlicher und effizienter Verwaltung konnte keine Rede mehr sein. Die politischen Parteien ebenfalls geteilt in Flamen und Wallonen. Beide kommen nur zusammen, wenn eine Zentralregierung gebildet werden soll. Nach Wahlen zum Beispiel.
Belgien nach langen Diskussionen durch zweimal drei geteilt, gewissermaßen. Drei Sprachgemeinschaften und drei Regionen. Die untereinander nicht deckungsgleich sind. Die flämische mit Sitz in Brüssel. Die wallonische in Namur. Die Deutsche in Eupen. Die Gemeinschaften können autonom mit Dekreten Beschlüsse fassen und umsetzen. Ohne die Zentralregierung in Brüssel zu fragen. In den Bereichen Schule, Kultur, Medien und Migration. Regionen sind zuständig für Raumordnung, Städtebau, Wirtschaft, Arbeitspolitik, Autobahnen und Verkehr. Ausgenommen die staatli-

chen Eisenbahnen. Die Gesetzgebung von Gemeinden und Regionen. Da versteht man das Durcheinander, über das internationale Medien spöttisch berichten. Die lokalen Streitigkeiten über die Hoheit von Sprache und Brauchtum bleiben.

Zypern

die drittgrößte Insel im Mittelmeer nach Sizilien und Sardinien. Wie diese immer schon ein Ziel für Eroberer, die einen Stützpunkt zwischen Osten und Westen brauchten. Auf 9.251 km² leben heute 1,12 Millionen Menschen. Geografisch gehört Zypern zu Asien, wie die Türkei. Kulturell zu Europa. Seit 1972 geteilt in Nordzypern und Südzypern. Letzteres als «Republik Zypern» völkerrechtlich zuständig für die ganze Insel. Außer Akronri und Dehelis, britischen Militärstützpunkten. Nordzypern wird von der Türkei kontrolliert.

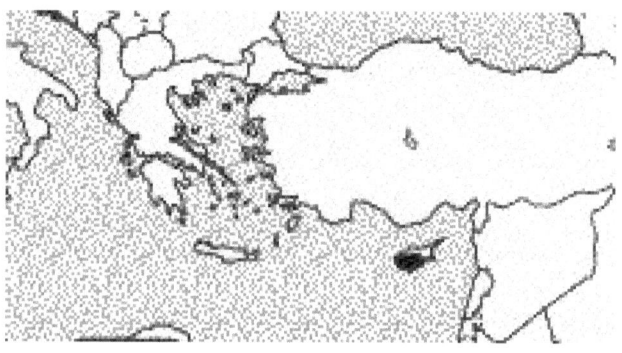

Zypern, zweigeteilte Insel im östlichen Mittelmeer. Im Süden die Republik Zypern mit ca. 848.000 Einwohnern. Im Norden eine türkische Enklave ohne anerkannten Status mit 340.000 Einwohnern. Hauptstadt beider Nicosia.

Der von Türken besetzte Nordteil, die Republik Nordzypern nur von Türken anerkannt. Nachdem sich türkenfeindliche Zyprer Griechenland anschließen wollten, zog man eine Pufferzone zwischen beiden. Blauhelme der Vereinten Nationen übernahmen die Kontrolle. Die sogenannte «Grüne Zone» geht mitten durch Nikosia, die Hauptstadt. Erinnert an das ehemals zweigeteilte Berlin, aktuell Jerusalem.

Die britischen Militärbasen sind souverän und gehören zu Großbritannien. Wie andere Überseegebiete. Im Abkommen von 1969 stellte das vereinigte Königreich die Bedingung, die Insel langfristig strategisch zu nutzten, um die Unabhängigkeit Zyperns zu gewährleisten. Seit 1. Mai 2004 ist Zypern Mitglied der EU. De jure bedeutet es auch, dass auch die Republik Nordzypern EU-Gebiet ist. Sie kann aber ihr Recht nicht ausüben, weil dieser Teil völkerrechtlich nicht anerkannt ist. Die im sogenannten «Anna-Plan» vorgeschlagene politische Neuordnung der Insel wurde in einem Referendum abgelehnt.

Zu den Menschen: Außer einem eigenen Dialekt in Neugriechisch wird auf der Insel türkisch und arabisch gesprochen. Englisch im Bildungs- und Verkehrsbereich. Seit der türkischen Besetzung leben in Nordzypern etwa 200.000 Griechen. Etliche haben dort neue Dörfer gegründet, deren Namen an ihre Heimat erinnern. Ältere Zyprer sprechen Griechisch. Der größte Teil der Bevölkerung Zyperns gehört mit 77 % der christlich-orthodoxen Kirche an. 21 % sind Muslime. Die Mehrheit von ihnen sunnitisch. Also religiös, nicht radikal kämpferisch. 1 % ist römisch katholisch.

Zur Geschichte: Zypern hatte immer eine große Bedeutung. Drehpunkt zwischen Europa und Asien. Griechen und Römer beherrschten sie in der Antike. Erste Unabhängigkeit unter 1184 unter dem zypriotischen Kaiser Isaak Komnenos. 1191 im 3. Kreuzzug von Richard Löwenherz erobert. Wichtiger Stützpunkt für die Christen auf dem Weg nach Jerusalem. Die Heilige Stadt den Arabern zu entreißen. Außerdem war Zypern jahrhundertelang ein wichtiger Umschlaghafen für den Ost-Westhandel. Die italienischen Stadtstaaten «Genua» und «Venedig, beide mit seetüchtigen Schiffen, rangen um die Vorherrschaft. Von 1464 bis 1571 gehörte Zypern zu Venedig. Von 1571 bis 1878 der Herrscherdynastie der Osmanen.

Sie stellte im ganzen Land die Imame und Sultane. Beherrschte also auch die Insel in religiösen und weltlichen Bereichen. Nicht anders als die Kaiser des Heiligen Römischen Reiches Deutscher Nation in ihren Territorien. Der Fernost-Handel machte Zypern reich. Auch Westeuropa profitierte von den wirtschaftlichen und kulturellen Beziehungen. 1878 an Großbritannien verpachtet. Im Laufe des ersten Weltkrieges von den Briten annektiert. Weil Zyprer mit Deutschland und Österreich paktierten. Zypern gehörte formal zur Türkei bis zum Vertrag von Lausanne 1923. Zwei Jahre später britische Kronkolonie.

1931 kam es zum Aufstand. Griechische Zyprer forderten die Vereinigung mit Griechenland. Ohne praktische Konsequenzen. Nach dem zweiten Weltkrieg erneute Unruhen, die sich über Jahre hinzogen. Da und dort aufflammten. Erst 1950 übernahm der Erzbischof Makarios III. die Regierung. In der Doppelfunktion als Kirchenführer und Staatschef. Mächtig genug, den Status Quo zu erhalten. Sympathisch den Engländern. Doch viele Griechen der Insel waren nicht zufrieden. Sie gründeten die «EOKA», Nationale Organisation Zyprischer Kämpfer. Es knallte und krachte an vielen Stellen der Insel. Terrorakte kosteten Menschenleben. Ende August 1950 einigten sich unter Mitwirkung der neutralen Schweiz Großbritannien und die Türkei auf die Unabhängigkeit Zyperns.

Nicht lange und erneut brachen Unruhen aus. Nationalistisch gesinnte Putschisten forderten den

Anschluss an Griechenland. Begleitet von Pogromen und ethnischen Säuberungen in türkischen Gebieten. Diese Tatsache veranlasste die Türkei, militärisch einzugreifen und Nordzypern zu besetzen. Der Sicherheitsrat der Vereinten Nationen bestätigte die territoriale Integrität Zyperns und verlangte den sofortigen Abzug der türkischen Truppen.

Am 16. August 1974 wurde ein Waffenstillstand geschlossen. Blauhelme überwachen die «Grüne Linie». Die Pufferzone im geteilten Nikosia. So ging 's leidlich friedlich bis 1983. Bis im Nordteil der Insel die «Republik Nordzypern» proklamiert wurde. Vom UN Sicherheitsrat für völkerrechtswidrig verurteilt. Kein Staat außer der Türkei erkennt ihn an. Erst 2003 wurde die Grenze zwischen Südzypern und Nordzypern wieder durchlässig. Familien konnten sich wieder gegenseitig besuchen. 2004 scheiterte in einem Referendum der Plan, beide Teile zu vereinigen. Der gut gemeinte «Annan-Plan» nicht realisiert. Der Südteil sollte «Griechisch-Zyprischer Staat» heißen. Der Norden «Türkisch-Zyprischer Staat». Wäre dieser Plan akzeptiert worden, hieße die Insel als Ganzes «Vereinigte Republik Zypern».

Am 9. Januar 2007 rissen türkische Zyprer die Barrikade in der Pufferzone Nikosias auf griechischer

Seite ein. Diese, «Grüne Linie» genannt, war bisher für beide Seiten ein Zeichen guten Willens. Spontan revanchierten sich Südzyprer und rissen die Barrikade auf türkischer Seite ein. 2008 begannen erneut Verhandlungen, beide Teile zu vereinen. Dimitris Christofias auf der griechischen, Mehmet Ali Talat auf der türkischen Seite die Verantwortlichen der Delegation. Der Grenzübergang wurde geöffnet. Präzis in der Fußgängerzone von Nikosias Altstadt auf der Leda-Straße. Möglich nur für Fußgänger und Radfahrer. Mal sehen, wie es weitergeht.

Globalisierung und Digitalisierung

Beide sind gekennzeichnet durch zwei Faktoren: Den menschlichen Erfindergeist und das Streben nach Größe und Macht. Aus diesen Gründen ist beides nicht aufzuhalten. Aber genau beobachten und alles tun, sie einzuhegen, wie Soziologen sagen. Das ungebremste Ringen um den günstigsten Preis mit negativen Folgen für Beschäftigung und Arbeitsplätze. Den globalen Kapitalverkehr, der nur die Vermögenden begünstigt. Jahrhunderte alte Basare wie der berühmte Chan el-Chalili in Kairo zu Supermärkten verkommen. Billige T-Shirts aus Thailand Selbstgewebte Unikate verdrängen. Kunststoffimitate Kostbarkeiten aus Silber, Messing und Kupfer. Tiefgefrorene Pizza vor Ort gebackene Fladenbrote.

Vielleicht müssen wir mehr Geduld üben. «Zeit heilt Wunden», eine alte Weisheit. Auch wenn das in der heutigen Situation unrealistisch scheint, ist es vielleicht doch ein taugliches Rezept, das Problem zumindest gelassener zu betrachten. Auch die negativen Folgen der Industrialisierung im 19. Jahrhundert konnten nachhaltig bewältigt werden. Vieles erledigt sich durch Druck von innen und von außen.

Bekannt sind die Weberaufstände in Augsburg 1794 und Schlesien 1844. Handwerksbetriebe gerieten in Existenznöte, als englische Maschinen in Deutschland Stoffe besser und billiger produzieren konnten. Das Handwerk konnte den Rückgang seiner Verkaufszahlen auch mit niedrigeren Löhnen nicht aufhalten. Der Philosoph und Gesellschaftskritiker Karl Marx analysierte die Veränderung in seiner «Kritik der politischen Ökonomie». Kam zu dem Schluss, technischer Fortschritt führe zwangsläufig zu Massenarbeitslosigkeit. Mit Folgen in der Gesellschaft. Seine Analyse also ein Aufruf zum Widerstand gegen Ungerechtigkeiten. Dass es später zu einer kommunistischen Partei führte, hat er nicht gewollt. Schon gar nicht die Exzesse, die in Stalins Sowjetunion über 20 Millionen und in Maos China mehr als 30 Millionen Bürger das Leben kostete. Von den Millionen toten Soldaten und Zivilisten in der Sowjetunion im letzten Krieg abgesehen.

Die Industrialisierung zu Lasten der Menschen im 19. Jahrhundert fand Widerstand bei Intelligenten. Menschen, die, wie der Begriff sagt, ihren Verstand einsetzen und einsehen, was gut und was schlecht für die Menschen ist. Zwei mittlerweile berühmte Literaten müssen zitiert werden. Sie kritisierten die herrschenden Zustände mit deutlichen Worten. Prangerten das Unrecht an. Anders als Politiker der Opposition. Kaum waren sie an der Macht, verabschiedeten sie für Lobbyisten günstige Geset- ze oder änderten sie geringfügig. Die Schriftsteller Heinrich Heine und Gerhard Hauptmann themati- sierten das damalige Problem der Industrialisie- rung mit offenem Visier. Heine in einem Gedicht:

„Im düstern Auge keine Träne – sie sitzen am Webstuhl und fletschen die Zähne – Deutschland – wir weben dein Leichentuch – wir weben hinein den dreifachen Fluch – wir weben, wir weben.“

„Das Schiffchen fliegt – der Webstuhl kracht – wir weben emsig Tag und Nacht – Altdeutschland wir weben dein Leichentuch – wir weben hinein den dreifachen Fluch – wir weben, wir weben.“

Gerhard Hauptmann erzielte mit seinem Drama: «Die Weber» eine noch größere Wirkung. Bis heute an vielen Bühnen gespieltes Stück. Ein Schauspiel, das die Bezeichnung Drama verdient.

Aufstand gegen Mächtige jetzt wieder ein Thema. Auch wenn Globalisierung und Digitalisierung anonyme Mächte sind. Die Männer dahinter schwer zu fassen. Ihre globale Aussage, es helfe der Menschheit, weiterzukommen, pauschales Blabla. Milliarden verdienen die Chefs von Google und Facebook in diesem Geschäft. von der Wirtschaft bezahlt, die in diesem System Werbeflächen kauft. Weltweit Millionen ahnungslose Abnehmer findet. Ein circulus vitiosus.

Aber die Entwicklungen im 19. Jahrhundert können uns hoffen lassen. Aufstände und die nicht zu leugnende Tatsache der Vernichtung von Arbeitsplätzen zwangen damals Politiker, das System der Sozialversicherung einzuführen. Den einzelnen Bürger und seine Familie abzusichern gegen Arbeitslosigkeit. Eine Versicherung für den Krankheitsfall folgte. Beide in den Ländern Europas verschieden gehandhabt. Alle aber mit dem Ziel, ein Mindesteinkommen zu garantieren. Auch wenn nicht gearbeitet werden kann.

Eine Gegenbewegung also, die sich aus der Industrialisierung ergab. Sie geradezu herausforderte aus der Diskussion darüber. Druck von Mächtigen erzeugt, wie wir sehen, nicht nur Passivität, auch Kreativität. Jedoch wäre es besser, wenn Politik von sich aus kreativ würde und solche Perspektiven aufzeigte statt Klagelieder anzustimmen. Und nicht aufhören, andere dafür verantwortlich zu machen. Wirtschaftsbosse und Banken generell zum Buhmann machen führt zu nichts. Sie profitieren von Steuern, die sie auf deren Gewinne erheben. Ohne dafür weniger Begüterte zu entlasten.

Besser ist es, sich an Pericles zu erinnern. Den Gründer der Demokratie im antiken Griechenland vor 3000 Jahren. Der ersten übrigens auf der Welt, die über zwanzig Jahre unter seiner Führung ihren Höhepunkt hatte. Blühte und allen Menschen Griechenlands ging es gut. Bis auch damals schon Populisten an die Macht kamen und dem Volk nach dem Munde redeten. Um ihre eigenen Intentionen und Absichten durchzusetzen. Nicht selten mit schlimmen Folgen für die, die sie wählten. Wie Hitler in Deutschland.
Pericles war ein besonnener Mann. Schaute dem Volk schon aufs Maul, um zu wissen, wo der Schuh drückt. Bei Problemen, damals drohende Überfremdung durch Perser. Er wies auf positive Beispiele hin, die das Problem entschärften. Zugewanderte tragen zum Wohlstand aller bei. Nannte sie

beim Namen: Der persische Kunstschmied Darijo z. B. lehrt uns aus Kupferblech schöne Kannen und Schalen zu formen, unzerbrechliches Hausgerät. Seine Schwester Atossa bunt gemusterte Teppiche zu knüpfen. Der Bäcker Shajan bereichert unsere Backwaren mit Zimtsternen. Pericles also machte den Menschen damals Mut, Fremde zu akzeptieren. Erließ ein entsprechendes Gesetz.

Nicht hinter verschlossenen Türen ausgehandelt und beschlossen, sondern öffentlich auf dem «Aeropag» diskutiert. Ein Platz im Zentrum Athens, zu dem jeder Bürger Zutritt hatte und seine Meinung äußern konnte. Zu allen aktuellen und zu erwartenden Problemen. Somit Gesetze realisierten oder ablehnten. Das Parlament also wirklich eine Demokratie. Das Wort gebildet aus «Demos» heißt Griechisch das Volk – und «kratein» herrschen.

Heute profitieren die meisten Menschen von der Globalisierung. In allen zivilisierten Ländern. Könnten wir sonst frische Ananas aus Afrika genießen? Ein Angus-Steak aus Argentinien? Sojaöl aus China? Kaffee aus Brasilien. Urlaub auf den Fidschi-Inseln oder auf Grönland verbringen? Gäbe es die Digitalisierung nicht, könnten wir nicht mit denen telefonieren, die in den Alpen herumklettern. Oder in Urwäldern Amazonas Indio-Dörfer besuchen. Nachrichten in Radio und Fernsehen aus demselben Grund nicht mehr lokal begrenzt. Heute können weltweit Freundschaften über «Facebook» geschlossen werden. Andere Systeme wie «Linkedin» machen es möglich, geschäftliche Kontakte zu knüpfen, Partner zu gewinnen mit gleichen Zielen. «Wikipedia» ist das Lexikon der Neuzeit. Immer auf dem neusten Stand. «Google» die Suchmaschine mit praktisch unbegrenzten Möglichkeiten. Gratis Emails schreiben statt portopflichtige Briefe verschicken.

Weltweit verknüpft sind Leben, Handeln und Denken der Menschen. Zig Milliarden, ja Billionen Daten verschmutzen die Atmosphäre, das Problem. Man sieht sie nicht, kann sie nicht rückgängig machen. Mit immer raffinierteren Methoden verschaffen sich Hacker Zugang zu persönlichen Daten. Fake-News verunsichern Staatenlenker und Öffentlichkeit. Wem kann man noch glauben? Je mehr Information wir uns verschaffen können, umso unsicherer werden wir. Denken wir darüber nach, beschleicht uns ein mulmiges Gefühl. Privatsphäre auf Facebook und Twitter gibt es nicht. Alles ist transparent. Jahrzehnte vergangener sexueller Missbrauch hochaktuell, als wäre es jetzt passiert. Probleme entstehen, die es bis anhin nicht gab. Schuld muss nach Jahrzehnten noch bewiesen werden. Oder Unschuld. Gesichter grinsen bildschirmfüllend. Nacktfotos dito. Läppisches Zeug, das niemand interessiert. Außer jene, die es ins Netz stellen. Da bleibt einem nur, auszusteigen.

Aber die Daten, einmal abgegeben, bleiben. Für jeden auf der Welt zugänglich, der sie für seine Zwecke nutzen kann. Schutzmechanismen einbauen hilft nur scheinbar. Hacker sind schwer zu fassen, raffinierter als Politiker denken. Daten beherrschen die Welt. Nicht umgekehrt. Wir sind Opfer der Datenflut. Ohnmächtig. Ohne Macht im Sinne des Wortes. Über das, was eigentlich nur uns gehört.

Sind wir wirklich ohnmächtig? Jeder kann das Problem für sich lösen. Wir müssen nur trainieren, Geduld zu üben. Uns wehren gegen Wünsche und Gewohnheiten, die Macht über uns haben. Umdenken. Nur unbedingt notwendige Daten ins Netz stellen. Das Handy mal einen Sonntagnachmittag abschalten. Die Frau mit einer Rose überraschen statt sie vor der Haustür anzurufen. Dem dreijährigen Sohn statt einer Spielekonsole Legobausteine schenken, ein Malbuch. Eine Fahrt auf dem Karussell. Nur so kann er haptische Erfahrungen machen, Selbstbewusstsein entwickeln. Haptische und kreative Erfahrung ist unverzichtbar für die Entwicklung des Selbstwertgefühls.

Zugegeben, es ist nicht leicht in einer Zeit, die von Mode und Tempo bestimmt ist. Aber es geht. Gewohnheiten ändern, dann und wann, Wünsche relativieren kann gelingen. Einen Abend verbringen ohne den unvermeidlichen Krimi im Fernsehen. Musik hören oder ein Buch lesen. Zu sich selbst finden. Mit der Frau, dem Partner reden. Über den Sinn des Lebens, Möglichkeiten aus einer momentan misslichen Lage herauszukommen. Liebe wieder zu beleben. Diskutieren, ob es nach dem Tod weitergeht, wie und als was. Man glaubt nicht, wie das entspannt, den eigenen Horizont erweitert. Da und dort gelingen solche Ablenkungsmanöver. Nicht vom Glauben einer Religion angeregt, sondern bewegt von ganz vernünftigen Überlegungen.

An vielen Orten der Welt entstehen wieder Handwerksbetriebe. Fragen nach dem Sinn des Lebens wird nachgegangen. Deren Antworten nicht in der Konsumwelt zu finden sind. Menschen wollen spüren, dass sie Menschen sind und keine Roboter. Zu einem kleinen Stück Unabhängigkeit kann man ihnen nur gratulieren.

Freiheit?

Frei sein von? Oder frei sein für? Die wichtigste Frage ist: gehöre ich mir noch selber? Oder bin ich abhängig von Mainstream, Mode und anderen Mächten? Zugehörigkeit zu Land oder Religion sind immer noch Anlass, dafür zu kämpfen. Tshihadisten das scheinbar unvermeidliche Extrem. Meist aber dominiert die Freiheit «von» Denken und Diskussion. Mit wachsendem Wohlstand wächst das Bedürftnis frei zu sein von Bevormundung, überholten moralischen Normen, dem Zwang zu Anstand und Sitte. Wer steht heute noch auf in der Tram, wenn eine alte Frau, ein alter Mann im Gang wartet? Wer bleibt noch Mitglied einer Kirche, wenn alle Welt, Gott und allen Heiligen abgeschworen, nur noch Eigenliebe predigt? Die Ehe nur eine Foto-Show im weißen Schleier vor dem Altar. Den Gedanken im Hinterkopf: wenn 's nicht klappt, dann lassen wir uns scheiden. Nichts ist unauflöslich. Frei sein will jeder Mann, jede Frau. Das Angebot auf Facebook ist grenzenlos. Spielwiese für Abermillionen. Frei meint man und ist gefesselt vom Fortschritt, der ein Rückschritt ins Sklavendasein ist. Sklave einer Diktatur, die Mode heißt. Flüchtige Zeit, in der wir leben. Viel zu viele meinen, man müsse sie nutzen, allem folgen, was «in» ist. Und sind Gefangene ihrer selbst.

Alles ist Mode heute. Und Abermillionen folgen ihr, weil 's Mode ist. «In» und nicht «out». Wer will schon «out» sein? Umfasst alle Bereiche des Lebens. Nicht nur die Kleidermode. Die immer schon den Wechsel favorisierte. Bei den alten Ägyptern geradezu modern mit Schminktechniken, die nicht nur ihre Augen betonten. Sondern sie auch im Wüstenklima vor Augenkrankheiten schützten. Moderne Kosmetik heute verschönert nur das Äußere. Von Schutz keine Spur, aber teuer. Öfter mal was Neues auch hier. Weil 's Umsatz bringt.

Fragwürdiger ist die Körper-Mode. Schöne Frauen, schöne Männer sah man sich früher auf Bildern in Museen an. Life in Kabaretts wie «Friedrichstadtpalast», «Moulin Rouge», «Reeperbahn». Schlanke Beine, kleiner Po knapp bekleidet. Anzuschauen zwei, drei Stunden maximal. Ein Vergnügen, das Lust machte auf die Nacht mit dem Partner. Heute muss alles nackt sein, die Welt ein Gratis-Kabarett. Schöne, schlanke Frauen und Männer bevölkern die Städte, in Bahnhöfen besonders zahlreich. Auf Werbeplakaten, Packungen, in Fernsehspots. Allgegenwärtige Verführungen, die nicht nur Kaufwünsche wecken. Frauen an sich zweifeln, Männer unruhig werden lassen. Nüchterne Zeitgenossen fragen sich, was hat ein nackter Po mit Speiseeis zu tun? Ein knutschendes Liebespaar mit der Telecom? Ein Mops neben langen Frauenbeinen mit einem Schlankheitsmittel?

In Videos wackeln Pop-Sängerinnen mit ihrem nackten Hintern. Als wollten sie die Männer zur Begattung auffordern. Wie Frauen einiger afrikanischer Stämme, die den Bestand ihres Volkes sichern müssen. Warum dieses ganze Theater? Fragt sich manch einer. Schön sein ist Sache des persönlichen Geschmacks. Und nicht die einer Industrie, die ihn verallgemeinert. Zu Lasten der persönlichen Freiheit.

Und dann die Körperverzierungen mit Tattoos. Bedecken den Body von den Wangen bis zu den Knöcheln. Nicht nur junger Menschen, auch Opas verfallen dieser Mode. Als würde es sie jünger machen. Alles muss jung sein heute. Jung und schön. Werbung verdrängt erfolgreich das Älterwerden. Doch bald schon müssen ältere Menschen feststellen, nichts geht mehr wie früher. Muss man sie deswegen bedauern? Wirklich zu bedauern dagegen sind Bisexuelle. Die nicht wissen ob sie Mann oder Frau sind. Ihre Probleme sind anderer Natur.

Ihren Geschlechtsteilen sieht man an, wer sie sind. Wie sie sich fühlen und denken sieht man nicht. Sie leiden unter diesem Zwitterzustand, ein Mann zu sein und wie eine Frau zu fühlen. Oder umgekehrt. Manche lassen sich für sehr teures Geld operieren. Andere klagen, weil sie beleidigt, benachteiligt werden. Jüngst hat das Bundesverfassungsgericht in Deutschland den dritten Menschen gesetzlich geschützt. Intersexuelle, die anatomisch und hormonell weder dem männlichen noch dem weiblichen Geschlecht zugeordnet werden können.

In antiken griechischen Sagen und in der bildenden Kunst spielen «Hermaphrodite» eine wichtige Rolle. Symbol für den Menschen generell, der zweigeteilt ist Nicht selten, dass Männer in manchen Momenten wie Frauen fühlen und umgekehrt. Problematisch wird es erst, wenn eine Veranlagung überproportional vertreten ist. Mann fühlt wie eine Frau, die Frau wie ein Mann. Beide leiden. Ob der Spruch des Deutschen Verfassungsgerichtes deren Schicksal ändert, ist zweifelhaft.Haben wir Verständnis für diejenigen, die betroffen sind. Akzeptieren sie wie jeden anderen, als Menschen erster Klasse. Der wie andere ein ehrliches, selbst verantwortetes Leben führen will. Ganz altmodisch treu sich selbst.

Auch wenn er deswegen als Außenseiter verlacht wird. Vielleicht aber regt sich da und dort das schlechte Gewissen. Das ein gutes ist. Denn Nachdenken hat noch nie geschadet. Frei sein hat mit Denken zu tun.

Denken macht frei. Entscheidet, Bio zu essen oder nicht. Deutsch zu sprechen statt englisch zu radebrechen. Seinem Partner treu zu bleiben, auch wenn die Versuchung groß ist. Ihr nachzugeben ist keine Kunst. Ihr zu widerstehen eröffnet neue Möglichkeiten. Ändert die Beziehung. Nähe wieder möglich und Liebe ist plötzlich ein Abenteuer. Das länger dauert als ein flüchtiger Date. In Theater oder Konzerte gehen, um sich von Texten im Geschehen anregen zu lassen. Von Musik entführen ins Reich der Fantasie. Die glücklicher macht als jede virtuelle Spielerei auf einem i-Pad.

Sinn im Leben sieht, auch anderen den Raum zu gönnen, den sie brauchen. Um ein selbstbestimmtes Leben zu führen. In Ehe und Familie, der Nachbarschaft, in Verein und politischen Gremien frei seine Meinung zu äußern. Mitmenschen zu akzeptieren wie sie sind, nicht nur sich selbst. Neues begrüßt und nicht von vorneherein verdammt. Treu zu dem zu stehen, was man tief im Innersten glaubt.

Solche menschlichen Qualitäten zeichnen Unabhängigkeit aus. Ein selbstbewusstes Leben zu führen .Von keinem Limit begrenzt außer dem eigenen moralischen Urteil. Einem Urteil, das niemandem schadet. Aber allen nützt. Ob sie Deutsch sprechen oder Syrisch, Französisch oder Kongolesisch. Englisch oder Indisch. Sprachen sind keine Grenzen. Eher Möglichkeiten guten Willens, der Verständigung sucht. Im Alltag und auf politischer Bühne.

Wäre es Alltag dort, gäbe es weniger Streitereien um Grenzen und Landbesitz. Feindbilder von Andersdenkenden. Die Mächtigen in den Ländern müssten umlernen. Das Individuum in den Blick nehmen. Und seine Sehnsüchte. Praktikabilität hat mit Verstand zu tun. Der Großes und Kleines abwägt wie ein kluger Richter. Sich für das Kleine entscheidet, wenn es als Zugeständnis zum Frieden beiträgt. Ein Schritt weiter auf dem Weg zur Selbstbestimmung.

Schlussfolgerung

Angenommen, die katholische Kirche hat Recht mit ihrem Dogma, der Menschen ist gut und gleichermaßen böse – Johann Wolfgang von Goethe mit den zwei Seelen in seiner Brust ebenso – dann müssen wir uns wohl oder übel mit dieser Tatsache abfinden. Im Alltag die einen ihre Macht nutzen, anderen gewaltsam etwas wegzunehmen. Raub nennt man es im zivilen Leben. Ohne physische Gewalt ist es Diebstahl. Beides bestraft der Gesetzgeber. Beides ist aus moralischer Sicht verwerflich. Besonders, wenn im großem Maßstab nicht nur Menschen, sondern ganze Völker betroffen sind. Beraubt ihrer Heimat, Sprache und Tradition. Grenzen ignoriert, die bestehende Ordnung aufgelöst. Eine fremde aufgezwungen. Freiheit und Leben genommen. Verurteilt der Internationale Gerichtshof in Den Haag Ratko Mladić, kommen andere ungeschoren davon. Passieren immer wieder neue Gräueltaten.

Regionen an den Grenzen zu machthungrigen Nachbarn besonders gefährdet. Ebenso die an Meeresküsten liegen, offen für Eroberer ringsum. Die aus Neugier, Not oder Machtgier neues Land suchen, sich anzusiedeln. Brasilien 1499 von Amerigo Vespucci entdeckt. Kurz darauf von portugiesischen Truppen besetzt. Brasilien als Kolonie Portugals verwaltet, Portugiesisch die offizielle Sprache bis heute. Von der indigenen Bevölkerung leben heute noch etwa 100.000 Indianer in den Städten. Verlieren mit jeder Generation ihre tausendjährige Kultur. Die nur noch in entlegenen Reservaten des Amazonas gepflegt wird. Ein extremes Beispiel zugegeben, aber es macht deutlich, das Böse im Menschen beherrscht die Welt.

Nicht nur im Großen. Auch im Leben jedes Einzelnen. In der Familie, am Arbeitsplatz, in der Gemeinde, im Staat, dem sie ihre Steuer zahlen. Haben nicht die Mächtigen das Sagen? Die lauter reden, eine scheinbar bessere Zukunft versprechen. Zu denen auch Populisten gehören. Es ist nicht immer leicht, zu erkennen, was sie wirklich wollen. Ist es das, was sie propagieren? Oder haben sie geheime Pläne? Verstecken ihre Machtgelüste. Nutzen Wähler nur als Erfüllungsgehilfen? Ist das, was dabei herauskommt, gut für die Volksgruppe, den Einzelnen?

Katalanen, Flamen, Nordiren, Südtiroler, Bretonen, Basken, Sizilianer und andere endlich das Gefühl haben, zuhause zu sein, da wo sie leben. Die gewohnte Sprache sprechen. Ihr kulturelles Erbe pflegen. Ihr Land verwaltet von Menschen, denen sie vertrauen können. Der Einzelne sich fürs Klavierspielen entscheidet statt Musik aus dem Kopfhörer zu hören. Tracht trägt ohne Angst mitleidig belächelt zu werden. Stolz auf tradierte Werte. Weil sie zutiefst befriedigen und glücklich machen. Wissen, woher man kommt ist Voraussetzung für das, was man erreichen will.

Diese und andere Fragen bleiben. Werden bleiben, solange es darum geht, zu überleben oder unterzugehen. Sich still ducken hilft niemandem. Sich selbst nicht und anderen nicht. Das schlechte Gefühl bleibt. Jeder Mensch hat einen Verstand zu denken. Eine Stimme, die er erheben kann. Schriftlich oder lautstark protestieren, wenn ihm eine Sache Spanisch vorkommt. Weil es missverständlich formuliert ist. Oder offenkundig falsch. Die Beispiele in diesem Buch beweisen, dass es funktioniert. Und zum Erfolg führt. Mindestens aber zu Zugeständnissen. Näher dem Ziel, die zu sein, die sie sind. Da zu sein, wo sie schon lange leben. Alle Möglichkeiten zu haben, um glücklich zu sein. Dann und wann Momente des Glücks. Denn Glück hält nicht ewig.

Wandgemälde auf einem Gebäude an der Whiterock-Road in Belfast: Höchste Zeit für Frieden – Zeit für Großbritannien zu verschwinden.

Über den Autor

Otto W. Bringer, 89, vielseitig be-
gabter Autor. Malt, bildhauert, foto-
grafiert, spielt Klavier und schreibt,
schreibt. War im Brotberuf Inhaber
einer Agentur für Kommunikation.
Dozierte an der Akademie für Mar-
keting-Kommunikation in Köln.
Freie Stunden genutzt, das Leben in Verse zu gießen.
Mit 80 pensioniert und begonnen Prosa zu schreiben.
Sein Schreibstil ist narrativ, "ich erzähle" sagt er. Seine Themen sind die Liebe, alles Schöne dieser Welt.
Aber auch der Tod seiner Frau. Bruderkrieg in Palästina. Werteverfall in der Gesellschaft. Die Vergäng-
lichkeit aller Dinge, die wir lieben. Die zwei Seelen in
seiner Brust.

Weitere Bücher von Otto W. Bringer

"ROSE LEBT": Wieder aufer-
standen in diesem Buch. Lebendig
in Bildern und Liebesbriefen an die
Verstorbene.
Taschenbuch mit 230 Seiten und 15
Fotos

"MALLORCA mit allen Sinnen":
Land und Leute kennen und lieben
gelernt. Das Meer, die Buchten, in
Finkas gewohnt und in Nobelho-
tels. Mit Einheimischen gefeiert.
Taschenbuch mit 212 Seiten und
21 Fotos, auch als ebook lieferbar

"ITALIEN mit allen Sinnen":
Die Wiege abendländischer Kultur.
Ziel ihrer Sehnsucht, Menschen
kennenzulernen. Zu sehen, zu erle-
ben, was Kunst ist. Einschließlich
kulinarischer Genüsse.
Taschenbuch mit 242 Seiten und 21
Fotos, auch als ebook lieferbar

"FRANKREICH mit allen Sinnen": Nachbarland, in dem Geschichte lebendig ist. In römischen Theatern, Klöstern und Königsschlössern. Kultur eingeatmet, Geschichte hautnah erlebt. Sterneküche und Bistros genossen.

Taschenbuch mit 220 Seiten und 30 Fotos, auch als ebook lieferbar

"ZUHAUSE – Wo?" Autobiographie, eine lange, detailreiche Geschichte. Mit Niederlagen und Siegen. Überraschenden Höhepunkten und geplanten Erfolgen. Liebe und Tod die Eckpunkte allen Geschehens.

Taschenbuch mit 443 Seiten

"GESICHTER das Rätsel hinter den Fassaden" Alles hat ein Gesicht. Essays über Pharaos Goldmaske, Jesus von Nazareth, Karl der Große, Goethe, Adenauer, Marilyn Monroe u.a. Ein Hund, Landschaft, Städte und der Autor selbst im Spiegel. Findet er des Rätsels Lösung?

Taschenbuch mit 250 Seiten und 18 Abb., auch als ebook lieferbar

"AUGE um AUGE": Roman über den Konflikt zwischen Juden und Palästinensern. Politische und gesellschaftliche Probleme. Ein Mann und zwei Frauen darin verwickelt. Eine von ihnen ist Jüdin. Engagiert mit ihrem Freund für Versöhnung. Sie lernen sich kennen und das Drama nimmt seinen Verlauf. Tote auf allen Seiten. Ein Mann, eine Frau bleiben und ein dreijähriges Kind.

Taschenbuch und Hardcover mit 286 Seiten, auch als ebook lieferbar

"PORCUS – das charakterlose Schwein" Fast ein Krimi. Lebenslauf von Gymnasiasten, die sich mit lateinischem Namen ansprechen. Porcus einer, der sie verpetzte, als sie in der Pause mit Mädchen schmusten. Später versuchte er einen von ihnen zu töten. Was ihm nach vielen schlimmen Ereignissen zum Schluss auch gelang. Weil er einen schlechten Charakter hatte?

Taschenbuch und Hardcover, 224 Seiten, auch als ebook lieferbar

"Das Rätsel Frau" – aus der Sicht des Mannes. Weil sie anders ist. Nicht nur anders aussieht, sondern vor allem anders denkt, fühlt, reagiert und entscheidet.
Taschenbuch und Hardcover mit 144 Seiten, auch als ebook lieferbar

"Fräulein QUAKIS Versuche ein Mensch zu werden". Geschichte einer Freundschaft zwischen einem kleinen Mädchen und einem Froschfräulein. Was so hoffnungsvoll begann, endet in einem Desaster. Alle Versuche Deutsch zu lernen scheitern. Wundermittel, Wallfahrten und Gentransplantion bleiben erfolglos. Sie bleibt ein Frosch. Und endet nicht wie der Frosch in Grimms Märchen. Taschenbuch und Hardcover mit 104 Seiten, auch als ebook lieferbar

"Adieu – Nichts bleibt …"
Jeder weiß, dass Abschiednehmen zum Leben gehört. Sich trennen müssen von dem, was wir lieben, gewohnt sind. Wir verdrängen den Gedanken daran, aber es hilft uns nicht. Leben heißt sich verändern. Kommen und gehen wie Frühling, Sommer, Herbst und Winter. Wachsen und reifen und sterben. Sonst wäre es nicht lebendig, sondern tot.

In 38 Kurzgeschichten erzählt der Autor, wie er selbst und viele andere dieses ständige Abschiednehmen erlebten. Besser gesagt überlebten. Jedes Mal tieftraurig danach, gefasst oder reifer geworden in Einsicht und Charakter. Entschlossen Neues zu beginnen oder es hinzunehmen wie ein unvermeidliches Schicksal.

Taschenbuch und Hardcover, 187 Seiten, auch als ebook lieferbar

"Mann Gottes" Der Mann Theologe und Dozent an einer katholischen Akademie. Die Frau heimgekehrte Russlanddeutsche, verheiratet. Sie verlieben sich, begehren einander. Probleme bleiben nicht aus. Innere Zweifel, äußere Zwänge führen zu einem Fiasko.

Taschenbuch und Hardcover, 224 Seiten, auch als ebook lieferbar

"Ich bin nicht der ich bin" Wer bin ich? Die Frage treibt den Autor um. Denkt und denkt und kommt nach vielen gedanklichen Pirouetten zur Erkenntnis: ich bin ein Mensch wie andere. Mal so, mal so. Wechselhaft wie das Wetter.

Taschenbuch und Hardcover, 83 Seiten, auch als ebook lieferbar

„ALTER EGO – das andere Ich" Das Leben eines Mannes, der zweihundert werden will. Unterwegs zu den fantastischsten Abenteuern. Alltags in Freiburg, im Universum auf den Flügeln seiner Fantasie. Und bei sich selbst. Herauszufinden, wer er ist. Liebt, malt, spielt Klavier, kocht. Ein Mensch mit mehr als zwei Identitäten? Alle in einer Person? Mehr als Gott in drei. Höchst spannend, seiner Vita zu folgen. Der Auferstehung seiner toten Rose.

Taschenbuch und Hardcover mit 384 Seiten. Auch als ebook lieferbar.

„Das Haar in der Apokalypse"
Die aufregende Geschichte von einem Haar aus der Wolle eines provençalischen Schafes, im 14. Jahrhundert zu Garn gesponnen, zum Gewand des Apostels Johannes und Gottvaters geknüpft. In fantastischen Bildern der Apokalypse, den Endzeitgesängen des Johannes, auf riesengroßen Teppichen nebeneinander gehängt in einer Länge von über 100 Metern.

Ein ausdrucksvoll eindringliches Spektakel mittelalterlicher Vorstellungen vom Ende der Welt - und einem Haar, das nicht sterben wird, solange die Teppiche im Schloss von Angers an der Loire hängen.

Taschenbuch und Hardcover mit 136 Seiten. Auch als ebook lieferbar.

„Das Experiment" Parabel könnte man dieses Buch nennen. Philippe Emmanuel Escargot ist klein von Gestalt. Hoch begabt, träumt, der Größte zu werden. Die Idee Im Kopf, Häuser für Menschen zu bauen, die wie Schneckenhäuser aussehen und funktionieren. Zuhause sein und unterwegs gleichzeitig. Studiert Architektur, experimentiert, verliebt sich. Scheitert, beginnt wieder von Neuem. Er will mit seiner Freundin im Schneckenhaus wohnen. Das Experiment gelingt, wie es den Anschein hat.

Taschenbuch und Hardcover mit 244 Seiten. Auch als ebook lieferbar.